Ann-Christin Wimber

Glücksorte im Languedoc

Zwischen Rhône und Pyrenäen

D

Dieses

Glücksbuch

ist für

Liebe Glücksuchende,

ich hatte das Glück, das Languedoc fast 20 Jahre lang als eine Art zweite Heimat ansehen zu können. Meine Eltern hatten irgendwann beschlossen, in der Nähe von Lodève ein Haus zu kaufen. Sie kennen Lodève nicht? Es liegt in der Nähe von Clermont-l'Hérault mit seinem berühmten Markt. Meine Kinder haben im Lac du Salagou nach Krebsen getaucht, in Valras-Plage das beste Eis der Küste gegessen, in Lerab Ling das erste Mal etwas über den Buddhismus erfahren und in der Grotte des Demoiselles trotz einer Außentemperatur von 40 Grad gefroren. Ich nehme Sie also mit an Orte, an denen meine Familie und ich tolle Stunden erleben durften – und hoffe, dass es Ihnen dort genauso gehen wird.

Vielleicht wundern Sie sich, dass Sie in diesem Reiseführer einige Ziele vergeblich suchen, die Ihnen in anderen Büchern oder im Internet als sehenswert angepriesen werden. Für mich haben diese Orte dann nicht den Glücksfaktor, den Sie von diesem Reiseführer erwarten dürfen.

Ich wünsche Ihnen daher viel Spaß beim Entdecken, Erleben und Genießen!

Ihre Ann-Christin Wimber

GLÜCK

Deine Glücksorte …

… noch mehr Glück für dich

Mit Buddhas Segen

1 Der buddhistische Tempel Lerab Ling

Zwischen den Grüntönen der Eichen- und Buchsbaumwälder blitzen bunte Tupfer hindurch. Rote, weiße, blaue und gelbe Fahnen flattern im Wind und weisen den Weg bis zum Kloster Lerab Ling. Mitten im Regionalen Naturpark Haut-Languedoc nahe der Larzac-Ebene präsentiert sich das tibetanische Buddhistenkloster in allen Schattierungen des Farbspektrums. Das viereckige, verwinkelte Gebäude zieren verschiedene Rottöne und ein Streifen Weiß; die Sonne lässt die Kupferdächer ebenso glänzen wie die goldenen Türmchen auf den Dachfirsten. Dazwischen findet sich an Säulen, Dachunterständen, an Türen und Fenstern ein bunter Wirrwarr an Farben. Nur wer näher herantritt, erkennt Drachen und Löwen, blumige Verzierungen und verschlungene Linien.

1991 wurde das Kloster in der Nähe der Kleinstadt Lodève gegründet. Was mit einem Zelt auf matschigem Untergrund begann, ist zu einer traumhaften Anlage mit Gartenflächen und Teichen, mit Meditationswegen und Gästehäusern angewachsen. Buddha ist allgegenwärtig – entlang des Lehrweges, vor dem Tempel und umringt von Seerosen im Teich. Doch den größten Buddha bekommt nur zu sehen, wer das Gebäude betritt.

TIPP

Am Wochenende öffnen ein Café und ein Souvenirshop für Gäste.

Schuhe müssen vor den roten Eingangsportalen warten, denn den Boden des Tempels dürfen nur Fußsohlen berühren. Im Inneren des riesigen Raums setzt das Gehirn für einen Augenblick aus – die Eindrücke sind kaum zu verarbeiten: Bunte Teppiche hängen über Tischen und an Wänden, meterhohe Regale mit goldenen Statuen dominieren die Stirnseite, goldene, buddhagleiche Figuren sitzen in Winkeln, Blumensträuße stehen in riesigen chinesischen Vasen in jeder Ecke. Es riecht angenehm süßlich. Das leise Murmeln der Besucher erfüllt den Raum. Und über allem wacht ein 7 Meter großer goldener Buddha. Gegenüber dem Eingang scheinen seine gütigen Augen jeden Ankömmling wohlwollend zu betrachten.

Auch wenn Lerab Ling sich der buddhistischen Lehre widmet, bietet der Tempel jedem Interessierten am Wochenende ein buntes Gesamtkunstwerk mit einer besonderen, spirituellen Atmosphäre.

● Lerab Ling Buddhist Temple, an der D142, 34650 Roqueredonde, Tel. +33 (0) 4 67 88 46 00, www.lerabling.org

Sand vom Feinsten

2 Am Strand von L'Espiguette

„Chouchou! Beignet! Beignet fraise! Beignet chocolats!“, schallt es über den Strand. Die vier Kinder, die gerade noch im Mittelmeer gebadet haben, stürmen los. Auf ihrer braunen Haut glitzert noch das Meerwasser. Aber eine Abkühlung von innen geht immer. Denn schließlich hat der Strandverkäufer nicht nur die gerösteten Erdnüsse, die *chouchous*, und die krapfenartigen Beignets dabei, sondern auch Eis.

L'Espiguette im Département Gard, einer der längsten und breitesten Strände Südfrankeichs, wurde von den Franzosen zu einem der zehn beliebtesten Strände im Land gewählt. Das liegt bestimmt nicht nur an den Strandverkäufern, sondern vor allem an dem unglaublich feinen Sand und dem klaren Wasser. Gerade eben haben die Kinder mit ihren Schnorchelmasken noch kleine Fische im Wasser beobachtet und sind nach Muschelschalen getaucht. Diese verwenden sie später zum Dekorieren ihrer Sandburgen. Die Eltern spielen derweil an der Wasserkante Pingpong – so wie viele andere Strandbesucher auch, die eine Abkühlung brauchen. Hundebesitzer werfen Bälle und versuchen, auch ihre vierbeinigen Familienmitglieder ins Wasser zu bekommen.

TIPP

L'Espiguette ist bei Kitesurfern sehr beliebt. Einige Wassersport-schulen bieten hier Kurse an.

Dort, wo die Wellen an den Strand lappen, ist es ein wenig voller als weiter oben am Strand. Wer sich allerdings einen Platz dicht neben dem Nachbarn sucht, war vermutlich zu faul zum Laufen. Denn der Strand ist kilometerlang und misst an seiner breitesten Stelle 800 Meter – es gibt also genug Platz für alle. Diesseits des Stichkanals von Le Grau-du-Roi hat sich am Strand eine kleine Lagune gebildet. Sie ist besonders beliebt bei Familien mit kleinen Kindern. Rund 4 Kilometer weiter, am alten Leuchtturm, liegen die Freunde der Freikörperkultur. Jenseits der Dünenlandschaft Le Désert gibt es auch Parkplätze, jedoch lohnt sich eine Strandwanderung hierher – von der Hafeneinfahrt bis zum quadratischen Phare de l'Espiguette (gebaut 1969) dauert es etwa 1 Stunde. Aber so weit schiebt der Strandverkäufer seinen Wagen leider nicht.

- Plage de l'Espiguette, 30240 Le Grau-du-Roi
  www.letsgrau.com
- ÖPNV: Bus 132, Haltestelle Quai aux Fleurs, ca. 30 Minuten zu Fuß

Das Dorf des Lesens

3 Montolieu: französische Hauptstadt des Buches

Gilles Gavrel ist kaum zu sehen. Der grauhaarige Schopf des Franzosen lugt in einer Ecke gegenüber der Eingangstür hinter einem Tresen hervor, auf dem sich Bücher stapeln. Auch neben ihm an der Wand auf einem raumhohen Regal, in Kisten und Körben, auf und unter Tischen und sogar vom Dachbalken hängend – überall Bücher und Magazine. Nachschlagewerke, Comics, Bildbände, Romane, Kinderbücher, Bücher über Musik, Tiere, Technik und Pflanzen. Die meisten sind auf Französisch. Doch auch Werke englischer, deutscher und russischer Autoren finden sich hier – allerdings nicht im Erdgeschoss des kleinen Hauses in der Rue de la Mairie in Montolieu. Sie warten im ersten Stock darauf, zwischen den rund 15.000 Druckerzeugnissen entdeckt zu werden.

Seit 1990 lebt der Ort für alles, was auf Papier gebracht werden kann. Damals hatte ein Buchbinder aus Carcassonne die Idee, ein Konservatorium für Buchkunst und -druck zu gründen. Schon 1 Jahr später wurde das Musée des Arts et Métiers du Livre eröffnet. Das zog zahlreiche Antiquariate und Buchdrucker in den rund 800-Einwohner-Ort im Département Aude. Heute gibt es 18 Buchhandlungen, sechs *artisans du livre* wie Buchrestauratoren und Schriftkünstler sowie über 20 Ateliers von Künstlern, die sich im weitesten Sinn mit Buchkunst beschäftigen. Die meisten Besucher kommen zum Stöbern, berichtet Gilles, der La Massanie seit 18 Jahren betreibt. Einige Sammler treten aber auch mit einer Mission durch seine Tür, vor der sich gerne eine graue Katze sonnt. So habe neulich erst eine Amerikanerin ein Buch gefunden, das sie schon lange gesucht hat. „Sie war sehr, sehr glücklich", meint Gilles.

TIPP

Selbst aktiv werden bei Kursen in Typografie, Kalligrafie, Gravur, Binderei oder Illustrierung.

Im Sommer verbinden sich die schönen Künste miteinander: Dann stehen ein Jazzfestival sowie ein Festival für zeitgenössische Kunst auf der Agenda. Am letzten Oktoberwochenende pilgern Comicfans nach Montolieu. Danach gehört das Dorf wieder den Montolivains – bis zu Ostern die Messe für alte und gebrauchte Bücher das Bergdorf erneut erblühen lässt.

● Village du Livre et des Arts de Montolieu, 39 Rue de la Mairie, 11170 Montolieu
www.montolieu-livre.fr
● ÖPNV: 1-Euro-Bus D ab Carcassonne,
Haltestelle Montolieu Place Maurice Bertrand

Pif
L'ÉPÉE À RESSORT
MAD
HÉRISSON
FABLES
Gotham
LE VILAIN PETIT CANARD
PROMENONS-NOUS

Das Glück der Seligen

4

In der Kathedrale von Narbonne

Kathedralen haben ihren ganz eigenen Geruch. Es duftet süßlich, nach alten Teppichen, Steinstaub und Weihrauch. In dem himmelhohen Kirchenschiff verteilt sich ein leises Gemurmel, das von den massiven Sandsteinwänden in der 1272 gebauten Cathédrale Saint-Just-et-Saint-Pasteur de Narbonne widerhallt. Die bunten Fensterbilder und Kandelaber tauchen die seitlich angeordneten Kapellen und die vielen Nischen in ein schummriges Licht. Der Chorraum ist auf den ersten Blick nur zu erahnen, und doch ist er hier im Innenraum das Eindrucksvollste. Er steht auf Platz drei in den Top 10 der schönsten gotischen Kathedralen Frankreichs, nimmt eine Fläche von 40 mal 60 Metern ein und ist 41 Meter hoch. Die hölzerne Orgel an der Rückwand mit ihren 21 Metern erscheint dagegen beinahe winzig. Ein Gefühl für die schiere Größe erhält der ehrfürchtige Betrachter direkt unterhalb der Orgel – von hier ziehen die hölzernen Bankreihen den Blick auf den in Gold und Marmor gehaltenen Hochaltar, über die hellen Säulen bis zu den umlaufenden Buntglasfenstern und der Gewölbedecke. Fast kommt ein Gefühl der Glückseligkeit auf.

TIPP

Im Kreuzgang neben der Kathedrale die kuriosen Wasserspeier entdecken.

Außerhalb des Chorraums stehen die ewigen steinernen Betten einiger Bischöfe. In den Kapellen finden sich einmalige Kunstwerke wie der aus Stein gehauene, fast zerbrechlich wirkende Altar der Muttergottes von Bethlehem; die Herz-Jesu-Kapelle enthält den ersten Stein der Kathedrale, den Papst Clemens IV. im Jahr der Erbauung gesandt hat. Die Sankt-Josephs-Kapelle ziert ein Gemälde der Heiligen Familie von Charles Maurin. Jede Kapelle bietet Platz zum Sitzen, Beten oder Meditieren.

Eine Wendeltreppe führt in die Schatzkammer oberhalb der Kapelle der Verkündigung, die im Vergleich zu den anderen Seitennischen strahlend und warm wirkt. Hier sowie in der Schatzkammer lassen sich mehrere unter Denkmalschutz stehende Kunstgegenstände bewundern. Gemälde, Statuen, Reliquienschreine, Schnitzereien – sie zeugen noch heute vom Wohlstand, Einfluss und der Allgegenwärtigkeit der katholischen Kirche.

- Cathédrale Saint-Just-et-Saint-Pasteur de Narbonne, Rue Armand Gauthier, 11100 Narbonne, www.cotedumidi.com
- ÖPNV: Bus A, Haltestelle Jean Jaurès

Baden unter römischen Bögen

5

An der Pont du Gard am Ufer des Gardon

Worauf warten die Jugendlichen auf dem Felsvorsprung bloß? Sie sehen nicht so aus, als würden sie ehrfurchtsvoll die sich über ihnen erhebenden Bögen des römischen Aquädukts bewundern wollen. Dass die Pont du Gard hier bereits seit gut 2000 Jahren steht, scheint sie auch nicht zu interessieren. Plötzlich kommt Bewegung in die Gruppe. Auf dem Gard, dem langsam unter den sechs altrömischen Arkaden dahinziehenden Fluss, nähert sich ein Kanu. Kaum ist es vorbei, springen zwei Jungen ins Wasser. Sie fabrizieren eine riesige Fontäne. Die Kanuten haben Glück – sie werden kaum nass.

Das Brückenbauwerk der antiken Welt ist eine der bedeutendsten Sehenswürdigkeiten Südfrankreichs. Es ist aber auch beliebter Treffpunkt für Badende, und der steinige Strand kann als Haltepunkt während einer Kanutour genutzt werden. Die 275 Meter lange Brücke mit ihren drei insgesamt 50 Meter hohen Ebenen ruht zu beiden Seiten des auch als Gardon bekannten Flusses auf Felsblöcken. Diese und das steile Felsufer lassen sich wunderbar als Sprungturm nutzen. Der Weg vom linksseitigen Parkplatz zur Pont du Gard ist in gut 10 Minuten zurückgelegt. Um an die jenseitige Badestelle zu gelangen, dürfen Besucher die unterste Ebene des in Quaderbauweise errichteten Aquädukts betreten. Hier lohnt es sich, die Struktur der Brücke genauer zu betrachten. Die Römer verwendeten Kalksteine, die alle gleich hoch waren. Diese halten ohne Mörtel, da sie ein hohes Eigengewicht aufweisen. Auf der obersten, mit 35 Bögen versehenen Ebene liegt der Kanal, der Wasser von Uzès nach Nîmes brachte. Bis zu 20.000 Kubikmeter Wasser sollen täglich in die Stadt geflossen sein.

Zu dem Bauwerk gehört ein Museum sowie die Freiluftausstellung Mémoires de Garrigue (Erinnerungen an die Garrigue), in der die Geschichte der mediterranen Landwirtschaft erklärt wird. Die Pont du Gard steht seit 1985 in der UNESCO-Welterbe-Liste. Das verleiht dem Bad am Fuße des Aquädukts einen fast historischen Anstrich.

TIPP

Ein schöner Spaziergang (1,4 Kilometer) durch die Garrigue-Landschaft dauert 1,5 Stunden.

- Pont du Gard, 400 Route du Pont du Gard, 30210 Vers-Pont-du-Gard www.pontdugard.fr
- ÖPNV: Bus 121 ab Nîmes, Haltestelle Vers-Pont-du-Gard Rond-Point Pont du Gard, ca. 40 Minuten zu Fuß

Stolze Stadt der Katalanen

6 Auf dem Torturm Le Castillet in Perpignan

Perpignan ist die Hauptstadt des Départements Pyrénées-Orientales und die südlichste Großstadt Frankreichs. Tatsächlich verströmen die engen Gassen der historischen Altstadt und die zahlreichen Cafés ein katalanisches Flair. Den schönsten Eindruck von der Stadt bietet der Umlauf des einzigen Stücks der alten Stadtmauer, der Torbau Le Castillet. Der wuchtige Ziegelbau beheimatet das katalanische Heimatmuseum (die Ausstellung ist auf Französisch). Errichtet wurde er 1368 und diente im 17. sowie im 18. Jahrhundert passend zu seiner trutzigen Anmutung als Gefängnis. Nach 146 Stufen weht den Besuchern auf dem umlaufenden Balkon der Wind durch die Haare und der Duft der nahen Pyrenäen um die Nase. Die Silhouette des Canigou sowie das Mittelmeer grüßen zum ziegelroten Turm herüber.

TIPP
Von der Terrasse im 4. Stock der Galeries Lafayette gibt's das gleiche Panorama inklusive Castillet.

Erst seit etwas mehr als 460 Jahren gehört Perpignan zu Frankreich und gilt neben Barcelona als wichtiges Zentrum der katalanischen Minderheit. Kein Wunder also, dass von vielen Hauswänden die rot-gelbe Flagge Kataloniens weht. Die Altstadt breitet sich diesseitig der Têt wie ein Teppich aus hellroten Ziegeldächern und sonnenfarbenen Häuserfassaden vor dem Betrachtenden aus. Auf dem Castillet stehend, ragt im Süden der mächtige, innen etwas öde Palast der Könige von Mallorca (Palais des Rois de Majorque) aus dem Dächermeer. Im 13. Jahrhundert war Perpignan die Hauptstadt des Königreichs Mallorca; der Palast im gotischen und romanischen Stil beeindruckt vor allem durch seine massiven Festungsmauern. Die mallorquinischen Herrscher errichteten zudem die Kathedrale Sant Joan Baptista (Saint-Jean-Baptiste), deren aus einem Eisengeflecht hergestellter Glockenturm in östlicher Richtung die Altstadt überragt. Links daneben versucht sich der leicht schiefe rot-weiße Turm der ältesten Kirche der Stadt, Saint-Jean-le-Vieux (geweiht 1025), zu behaupten. Damit ist Le Castillet ideal geeignet, um sich einen Überblick über die Sehenswürdigkeiten der katalanischen Stadt zu verschaffen.

- Le Castillet, Place de Verdun, 66000 Perpignan, Tel. +33 (0) 4 68 35 42 05
www.perpignantourisme.com
- ÖPNV: diverse Buslinien, Haltestelle Castillet 2

Laubleidenschaftliche Wege

7 Waldbaden auf dem Pic de Fontfrède bei Céret

Vanessa Guerin hat ihr Glück auf 900 Metern Höhe gefunden. Es ist überwiegend grün, strebt dem Himmel entgegen und breitet sein Blätterdach über dem Pic de Fontfrède am Rande der hügeligen Ausläufer des Pic du Canigou im Département Pyrénées-Orientales aus. „Bäume sind meine Leidenschaft", sagt Vanessa, die eigentlich als Bergführerin arbeitet. „Und diese Faszination, die ich empfinde, möchte ich teilen, mein Wissen über die Natur weitergeben." Deswegen bietet sie *bain de forêt*, Waldbaden, an. Von einem kleinen Parkplatz im Wald von Fontfrède geht es los.

Vanessa schlendert den Wanderweg entlang. Auf dem Boden rascheln die Blätter, in den Bäumen singen die Vögel, es riecht süßlich nach Erdreich. Die Buchen, Eichen, Stechpalmen und Korkeichen hier oben sind jung. Um 1940 war alles kahl, abgeholzt, berichtet Vanessa. Denn Brennholz war wichtig für die Eisenerzproduktion, die in der Umgebung in großem Stil betrieben wurde. Erst nach und nach wurde der Wald wieder aufgeforstet. Heute ist das Vallespir-Tal, dessen Hauptstadt Céret ist, erneut großflächig bewaldet.

TIPP
Vanessas Englisch ist zwar gut, aber ihre Ausführungen sind auf Französisch informativer.

Waldbaden ist ein Erlebnis für die Sinne und gut für die Gesundheit. Es geht nicht nur um Momente der Entspannung, um Achtsamkeit und schon gar nicht um eine sportliche Aktivität. Waldspaziergänge reduzieren Stress und wirken antidepressiv, stärken das Herz-Kreislauf- und das Immunsystem. Nebenbei schwärmt Vanessa, webt Fakten über Bäume, die Arten hier im Vallespir-Tal, und die sie umgebende Natur in ihre Erzählungen. „Jeder Baum ist so wie wir einzigartig; keiner gleicht dem anderen", sagt sie und scheint noch immer darüber zu staunen. Auf einer Lichtung hält sie an, setzt sich und lässt ihre kleine Reisegruppe zur Ruhe kommen. Lauschen, atmen, sich sammeln. Danach geht es abseits des Wanderwegs über knorrige Wurzeln, vorbei an alten steinernen Terrassen und begleitet von den Bergspitzen der Pyrenäen zurück zum Startpunkt.

- Wandergebiet Randôtrement, 66400 Reynes
  www.randotrement.com
- ÖPNV: Bus 550 ab Argelès, Bus 530 ab Perpignan, Haltestelle Céret Rp du Toréador; von hier holt Vanessa Guerin mit dem Auto ab

Rund und bunt

8 Macarons in Béziers genießen

Die Auslage ist so bunt und fröhlich wie ein Sonnenschirm: rot, grün, gelb, orange und blau. Die Inneneinrichtung des Cafés Le Monde du Macaron bewegt sich zwischen chic und schrill: rosa Wände, schwarz-goldene Lampen, rosarote Sessel und türkise Sofas. Dazu der Duft: süß und aromatisch. Liebhaber der talergroßen Gebäckstücke, für die Frankreich berühmt ist, sind hier auf jeden Fall am richtigen Ort.
Erfunden wurden die Macarons von Pierre Hermé, einem Pariser Pâtissier, in den 1970er-Jahren, berichtet Frédéric Silva, der das Le Monde du Macaron in Béziers betreibt. „Ursprünglich war das Macaron nur ein Meringe-Taler, deutlich größer als die heutigen Macarons und bestreut mit Mandeln", weiß Frédéric. Wie aus einem Taler zwei mit einer leckeren Masse in der Mitte wurden, kann er nicht berichten. Aber der Erfolg des Gebäcks ließ nicht lange auf sich warten. Mittlerweile gibt es Macarons fast überall, wo es Lebensmittel gibt.
Eine Auswahl wie bei Frédéric findet sich allerdings in den Supermarktketten und vielen anderen Bäckereien kaum. Frédéric bietet in seinem Café abwechselnd ein Angebot von rund 100 Geschmacksrichtungen an. Aus 20 bis 25 Sorten können Kunden jeden Tag ihre Auswahl treffen. Ob süß oder salzig, cremig, schokoladig, fruchtig, mit Streuseln, zweifarbig – die Auswahl fällt schwer. Dazu kommen je nach Saison noch Oster-, Weihnachts-, Herbst- oder Feiertagssorten. Für den größeren Appetit gibt es auch handtellergroße Macarons.
Unter Glashauben und im Kühltresen lassen zudem noch weitere Gebäckstücke wie Beignets, Schokoladenpralinen oder Küchlein das Wasser im Mund zusammenlaufen. Einige Genießerinnen sitzen in den plüschigen Sesseln und naschen die Leckereien mit einer Tasse Kaffee oder Tee. Viele Kunden kommen auch nur in den Laden, um sich ein paar Macarons zum Mitnehmen verpacken zu lassen. Wer sich nicht zwischen den unterschiedlichen Geschmacksrichtungen entscheiden kann, nimmt die vorbereiteten Geschenkpackungen. Lecker sind sie auf jeden Fall alle.

TIPP

Le Monde du Macaron, in Clermont-Ferrand gegründet, hat mehrere Franchise-Läden in Frankreich.

● Le Monde du Macaron, 24 Rue de la République, 34500 Béziers
www.mondedumacaron.fr
● ÖPNV: Bus A, B, Haltestelle Allées Paul Riquet

Einzigartige Steilküste

9 Auf dem Cap Leucate

Dieses kleine Felsplateau kann sich glücklich schätzen. Auch wenn jedes Jahr Tausende Füße auf ihm herumtrampeln – es liegt entspannt da, wird von der Sonne beschienen und liefert eine Aussicht, die das Herz aufgehen lässt. Hier fallen weiße Kalksteinklippen schroff ins türkisblaue Mittelmeer. Unten schlängelt sich ein beiger Sandstrand Richtung Spanien. Wer auf der natürlichen Plattform steht, kann nicht anders: Kamera zücken und Foto schießen. Vor der Linse breiten sich der Strand von Leucate, Port Leucate und die Ortschaft Le Barcarès, das Mittelmeer und die Pyrenäen aus. Einmal umdrehen. Klick, klick: Der Leuchtturm und das Plateau vom Cap Leucate sind abgelichtet. Der Leuchtturm wird auf der Liste Monuments Historiques geführt. Der fotogene konische Turm mit der roten Laterne wurde 1950 gebaut und ist noch heute in Betrieb.

Das Cap bildet mit seinen 40 bis 60 Meter hohen Klippen eine einzigartige Steilküste. Teile des Gebietes liegen im Regionalen Naturpark Narbonnaise en Méditerranée. Naturliebhaber mit dem Blick für Besonderheiten können hier ausgesprochen viele Orchideen- und Zwergirisarten sowie zahlreiche thermomediterrane Pflanzenarten entdecken. Zum Wandern eignet sich die Landspitze zwischen Narbonne und Perpignan hervorragend. Mehrere Loipen durchziehen das mit schroffem Kalkstein und niedrigen Büschen bewachsene Plateau. Diverse Rundwege sind ausgeschildert, etwa der 10 Kilometer lange Weg von Leucate Village über Leucate Plage, den Leuchtturm, das Fort und La Franqui zurück zum Dorf.

La Franqui wurde im frühen 20. Jahrhundert gegründet und gilt als einer der ältesten Badeorte des Languedoc. Das Dorf liegt malerisch in einem Nadelwäldchen am Fuß der Klippe, die zu den Ausläufern des Höhenzugs Corbières maritimes gehört. Auf dem Plateau laden zwei Restaurants mit unterschiedlichem Preisniveau zum Schlemmen und Schauen ein – das ist auf jeden Fall bequemer, als auf dem Felsplateau zu stehen.

TIPP

Von hier die Stufen hinuntersteigen und am 16 Kilometer langen Sandstrand von Leucate entspannen.

● Cap Leucate, 11370 Leucate
www.parc-naturel-narbonnaise.fr
● ÖPNV: Zug P13 ab Narbonne, K3 ab Perpignan, Haltestelle Gare de Leucate-la-Franqui, ca. 60 Minuten zu Fuß

Das standhafte Dorf

10 Celles am Lac du Salagou

Dieser Dorfplatz könnte vermuten lassen, er läge am Gardasee. Mächtige Aloe Vera mit armdicken Blättern und üppige Rosmarinbüsche gedeihen hier im Schatten einer südfranzösischen Eiche. Auf dem Platz blicken vier Maulbeerbäume an ihren rund ummauerten Standorten auf den spiegelglatten See und die sanften Hügel aus roter Erde. Der helle Sandplatz ist von einer hüfthohen Mauer aus Sandstein umgeben und bietet so einen freundlichen Kontrast zum Rest des Dorfes. Das Bürgermeisteramt ist das einzige noch erhaltene und bewohnte Gebäude in Celles am Lac du Salagou. Die meisten Häuser, die aus den hier vorherrschenden roten und schwarzen Steinen erbaut wurden, sind verfallen. Die Einwohner mussten das Dorf 1969 verlassen, als der 700 Hektar große Stausee entstand, an dessen Ufern es jetzt so malerisch liegt. Denn damals sollte das Salagou-Tal geflutet werden – hauptsächlich als Wasserreservoir für die Löschflugzeuge der *pompiers*, die von hier aus die Brände in den angrenzenden und an vielen Stellen unzugänglichen Cevennen löschen. Nach einem Unglück an einem ähnlichen Stausee wurde das Tal nur teilweise geflutet, das Wasser stieg praktisch nur bis an die Türschwelle des Ortes. So ist er heute ein beliebtes Ausflugsziel, Ausgangspunkt für Wanderungen am roten Ufer des Sees entlang und Badestelle. Auch vom Dorfplatz führen ein paar Treppenstufen hinab zu einem schattigen Plätzchen, das sich wunderbar zum Picknicken und Plantschen eignet.

Ohnehin ist der Lac ein tolles Naherholungs- und Wassersportgebiet. Es gibt neben einigen Wassersportzentren zahlreiche Badestellen. Am besten Badeschuhe anziehen (der Grund des Sees ist sehr steinig) und Tauchermaske und Kescher mitnehmen. So lassen sich Flusskrebse jagen und – an nicht so trüben Stellen – allerlei Fische beobachten. Vor ein paar Jahren haben die ehemaligen Bewohner von Celles ein Abkommen unterzeichnet, das ihnen erlaubt, in ihr Dorf zurückzukehren. An ein paar Häusern lässt sich heute bereits Bautätigkeit erahnen.

TIPP

Dinosaurierspuren an der paläontologischen Stätte in Lieude (34800 Mérifons) entdecken.

● 34700 Celles
www.mairie-celles.fr

Dem Himmel so nah

11 Im Bergkloster Saint-Martin-du-Canigou

Das Glück liegt in der Einsamkeit, inmitten der bewaldeten Hänge der Berggipfel des Pic du Canigou in den Pyrenäen. Vielleicht findet sich die Glückseligkeit hier aber auch wegen der Nähe zum Himmel. Ein Spaziergang ist der Weg zur Abtei nicht, eher sportliches Wandern. Von Casteil aus führt der insgesamt 1600 Meter lange und 300 Höhenmeter überwindende Pfad erst steil bergan; links begrenzen zerklüftete Bergwände den Weg, rechts liegt nichts außer einer niedrigen Steinmauer und dem Panorama der Bergwelt um den Pic du Canigou herum. Etwa auf der Mitte der Strecke dominiert ein Hain aus Esskastanien und Eichen die Landschaft. Angesichts dieses mühseligen Aufstiegs ist kaum zu begreifen, wie es die damaligen Gründer – Graf Wilfried II., seine Frau Gisela und sein Bruder, der Benediktinermönch Oliba – überhaupt geschafft haben, hier oben ein Bauwerk zu errichten. Das Kloster, vor dem die Besucher schließlich stehen, hat mit dem ursprünglichen Glaubensort nur noch wenig gemein. 1783 verließen die letzten Benediktinermönche Saint Martin. Die Gebäude verfielen. Etliche Elemente wie das Chorgestühl, die Glocken und die Marmorsäulen wurden entwendet und andernorts eingebaut. Erst 1902 wurde die Ruine wieder belebt und restauriert.

TIPP

Den kurzen Wanderwegen folgen und ein Foto von dem Kloster sowie dem Tal von Vernet-les-Bains machen.

Vieles in dem heutigen Gemäuer erinnert noch an die vergangenen Jahrhunderte, etwa die wunderschönen romanischen Steinmetzarbeiten aus dem 12. und 13. Jahrhundert, die es im galerieartigen Kreuzgang zu bewundern gibt. Manches ist auch neu konzipiert worden, wie der benachbarte Kräutergarten mit freiem Blick auf die Berghänge. Einen Einblick in das Kloster, die ungewöhnlich große und architektonisch eindrucksvolle Krypta, die Kirche mit ihren Monolithsäulen und den mit Lisenen und Bogenfriesen geschmückten Glockenturm erhält der Besucher nur mit einer (französischsprachigen) Führung. Denn heute nennen wieder 16 Männer, Frauen und Kinder das einsame, auf 1030 Metern gelegene Kloster ihr Zuhause und haben hier ihren ganz persönlichen Glücksort gefunden.

● Abbaye Saint-Martin-du-Canigou, 66820 Casteil, Tel. +33 (0) 4 68 05 50 03
www.stmartinducanigou.org/de

Frische nach alter Ordnung

12 Auf dem Wochenmarkt in Clermont-l'Hérault

Fleischtomaten so groß wie Kindsköpfe liegen neben knüppeldicken Gurken und überdimensionalen Paprika. Gegenüber schmeicheln Oliven in allen Schattierungen und Geschmacksrichtungen den Nasen der Marktbesucher. Frisches Brot, regionale Tartes, frisch zubereitete *accras* (eine frittierte, herzhafte Mehlspeise in Kugelform) verströmen ihren appetitanregenden Geruch, ebenso wie die dicken Salamiwürste, Käselaibe und der Fisch.

Der Markt von Clermont-l'Hérault im Département Hérault ist einer der beliebtesten der Region Languedoc und der einzige große Wochenmarkt, der mittwochs stattfindet. Er ist auch der einzige, bei dem die Verkäufer noch nach der alten Marktordnung aufbauen: Die Pflanzen, Früchte und Gemüse, Klamotten sowie Fleisch und Käse stehen (zum Großteil) noch in den gleichen Quartieren wie in den Anfängen des Marktes. Heute weisen die Straßennamen darauf hin, welche Waren in welcher Straße ihren Platz hatten. Salz wurde in der Rue Saunerie angeboten, Pflanzen gab es in der Rue des Jardins und Olivenöl, traditionell ein Produkt aus Clermont, in der Rue de l'Ancien Marché à l'Huile.

Wie ein Fluss aus bunten Ständen winden sich die Stände durch die mittelalterlichen Gassen um die Kirche Saint Paul. Wo früher die Mauern des Schlosses standen, bieten mindestens seit dem 17. Jahrhundert die Verkäufer ihre Waren feil. Vor Jahrhunderten beschützten die Stadtmauern das Château des Guilhem, das oberhalb des Marktes steht und heute nur noch eine Ruine ist. Ein Blick in die trutzige Kirche, deren Grundmauern bis ins 13. Jahrhundert zurückreichen und die an Markttagen geöffnet ist, lohnt sich. Die Rosette über dem Eingangsportal ist wunderschön.

Nach einem Moment des Innehaltens geht es wieder in das geschäftige Treiben der Stadt. Denn ein Wochenmarkt in Südfrankreich ist auch Nachrichtenbörse, ein Ort, um mal wieder ein Schwätzchen zu halten und einen Kaffee zu trinken. Der Marché startet um 6 Uhr – wer um 12:30 Uhr kommt, erhält meistens nur noch ausgesuchte Produkte.

TIPP

Weitere Wochenmärkte in Lunel (Do), Pézenas & Lodève (Sa), Montpellier (Di) und Bédarieux (Mo + Fr).

- Wochenmarkt Clermont-l'Hérault, Place de la Mairie, 34800 Clermont-l'Hérault
- ÖPNV: Bus 661, 662, 663, 668, 681, 685 ab Montpellier, Haltestelle Clermont-l'Hérault Hôpital

Von Schiffen und Jünglingen

13

Das Musée de l'Éphèbe in Cap d'Agde

Die „Johanna Elisabeth" wird sinken. Noch wissen die Matrosen und der Kapitän nichts von dem Unglück, welches das Handelsschiff vor der Küste von Agde ereilen wird. Sie werden in Stockholm ablegen, in Portugal und Cádiz stoppen, um Handelsgüter und Silbermünzen zu laden, und dann mit ihren Passagieren weiter Richtung Südfrankreich segeln. Doch hier geraten sie in einen Sturm. Und als der Kapitän das Schiff in einem *étang* (Binnensee) in Sicherheit bringen will, sinkt es – und mit ihm seine gesamte Ladung.

Die Geschichte der „Johanna Elisabeth" hängt als Comic an der Wand des Museums für Unterwasserarchäologie in Cap d'Agde, im Département Hérault. Wer bis hierher kommt, hat in den Räumen davor schon alles über die Reise, die Fracht und den Untergang erfahren. Die Reste des Frachtseglers liegen nur wenige Meter tief im Mittelmeer und nicht weit entfernt vom Strand. So haben Unterwasserarchäologen viele Alltagsgegenstände bergen können. Zu den Exponaten gehören Flaschen, in denen sich Glögg (schwedischer Glühwein) befand, Zinnteller, Säbel und Gewehre, eine Kanone, Schuhe, Bücher und Parfümflaschen von den Passagieren. Auch einen Teil der Silbermünzen hat das Team dem Meer entrissen – ein Großteil wurde allerdings geraubt. Bis zu den Comiczeichnungen hat der Besucher auch erfahren, dass Südamerika mit seinen Silberminen das Monopol auf das Prägen von Silbermünzen hatte und wie die Matrosen hießen.

TIPP

Die Unterwasserwelt um Cap d'Agde mit Schnorchel und „Wanderkarte" erkunden in Le Sentier Sous-Marin.

Auch wenn die (französischsprachige) Ausstellung über das Handelsschiff aus Schweden einen großen Teil der Präsentation einnimmt, wurde das Museum ursprünglich für l'Éphèbe gebaut – die Bronzestatue eines römischen Jünglings, den Taucher im Hérault bei Adge gefunden haben. Sie soll Alexander den Großen (356–323 vor Christus), König von Makedonien, darstellen. Neben der fast mannsgroßen Bronzestatue wartet das Museum noch mit weiteren Unterwasserfunden von Statuen auf. So präsentieren sich dem bewundernden Betrachter hier ein kleiner Amor und Césarion, ein Sohn Cleopatras und Cäsars.

- Musée de l'Éphèbe, Avenue des Hallebardes, 34300 Le Cap d'Agde, Tel. +33 (0) 4 67 94 69 60, www.museecapdagde.com
- ÖPNV: Bus 3, 4, Haltestelle Musée Centre Cap

Klein und wunderschön

14 UNESCO-Welterbe Villefranche-de-Conflent

„Villefranche ist von alters her befestigt und hat's schwer, sich auszudehnen; das Tal ist an dieser Stelle sehr schmal", konstatierte schon Kurt Tucholsky in seinem 1927 veröffentlichten Pyrenäenbuch. So ist ein Besuch der ehemaligen Festungsanlage dann auch von hohen Mauern und hohen Bergen geprägt. Ein relativ unverbautes Örtchen bietet der Platz vor der Kirche Saint-Jacques. Wer sich hier aufhält, kann die mittelalterlichen Straßenzüge perfekt auf sich wirken lassen. Die Kirche besticht durch den gotischen Glockenturm und ihre Schnörkellosigkeit. Einzig an den romanischen Portalen aus rosa Marmor finden sich fast fragile Steinmetzarbeiten.

Villefranche-de-Conflent trägt nicht nur den UNESCO-Welterbe-Titel, sondern auch den als „Les Plus Beaux Villages de France", gilt also als eines der schönsten Dörfer Frankreichs. Seine Lage ist einmalig. Die mit Mauern umfassten Natursteinhäuser liegen an einer Stelle, an der sich das Tal der Têt bis auf 100 Meter verengt. Die Stadt wurde Ende des 11. Jahrhunderts gegründet, um die Täler vor Invasionen zu schützen. Vauban, Festungsbaumeister des Sonnenkönigs Ludwig XIV. (1638–1715), verstärkte die Anlage massiv. Ihm ist die besondere Form der Stadtmauer mit sechs Eckbastionen zu verdanken. Er ließ zudem oberhalb von Villefranche 1679 das Fort Libéria errichten. Ein unterirdischer Gang verbindet das Fort mit der mittelalterlichen Stadt. Der Souterrain des 1000 Marches überwindet mit 734 Stufen 180 Höhenmeter. Zwei Tore führen hinein in die Stadt. Viel abzulaufen gibt es nicht: In nordsüdlicher Richtung verlaufen parallel die Rue Saint-Jean und die Rue Saint-Jacques. In der Mitte gibt es eine Verbindungsgasse, im Norden und Süden je einen Platz (mit der Tourismuszentrale beziehungsweise der Kirche). Zwei Gässchen führen durch die Mauern hindurch in die Stadt.

So schön die mittelalterlichen Gassen sind: Lebendig wird die Stadt erst, wenn die Restaurants, Cafés, Souvenirshops und Galerien öffnen – offiziell leben hier nur rund 250 Menschen.

TIPP

Die Grotte des Grandes Canalettes gehört zu den schönsten Tropfsteinhöhlen der Pyrenäen.

- 66500 Villefranche-de-Conflent
- ÖPNV: Zug P24 ab Perignan, Haltestelle Gare de Villefranche-Vernet-les-Bains

Schöner Baden

15 In Lamalou-les-Bains Thermalkultur erleben

So wird Cleopatra sich gefühlt haben – sanft in milchigem Wasser schwebend. Das warme Nass trägt den Körper und umspielt die Haut. Was bei Cleopatra die Milch war, ist in Lamalou-les-Bains die Tonerde. Die Farbe ist ähnlich. Statt blütenweiß ist das Wasser des *bade de boue* beige. Es hat nicht nur die Farbe von hellem Lehm, es ist ein Lehmbad. Im Thermalbad Lamalou-les-Bains im Département Hérault ist es die beliebteste Anwendung – nicht nur bei den Kur-, sondern auch bei den Tagesgästen.
Okzitanien hat eine ausgeprägte Thermalkultur. Es gibt rund 30 Thermalbäder und Spas in der Region. Im Heilbad Lamalou-les-Bains hat die Behandlung mit thermalem Quellwasser eine lange Geschichte. Bereits im 17. Jahrhundert wurden die Quellen entdeckt, die immer rund 35 Grad Celsius warm sind. Schnell fanden Mediziner heraus, dass Bikarbonat und Eisen im Wasser gut gegen Rheuma sind. Viele bekannte und berühmte Leute ließen sich in Lamalou-les-Bains behandeln – darunter der damalige König von Spanien und der Schriftsteller Alphonse Daudet.
In der jüngeren Erforschung der Thermalkuren wurde bekannt, dass das Wasser auch bei Neurodermitis und Parkinson eine wohltuende Wirkung hat. Die Behandlung kann – auch im Spa – auf unterschiedliche Art und Weise erfolgen: als Wassermassage, als Sprudelbad oder als Wärmebehandlung. Dazu laden die mit dekorativen Fliesen gestalteten Bäder zum Entspannen und Genießen ein. Neben einer Ruhebank steht ein Wasserspender. Hier gibt es Thermalwasser zum Trinken. Es ist warm, schmeckt zugleich süßlich und salzig und prickelt (wegen des Bikarbonats) auf der Zunge. Zu Cleopatras Zeiten sorgten wohl Harfen spielende Sklaven für das sanfte Hineingleiten in die Entspannung. Im Lamalou-les-Bains ist das nicht notwendig. Nicht nur im Lehmbad entspannt das natürlich-warme Wasser und macht schläfrig. Leider ist nach 15 Minuten Schluss. Was bleibt, ist das wunderbar prickelnde Gefühl auf der Haut, die nun glatt und frisch ist. Wer schön sein will, darf auch genießen.

TIPP
Weitere Bäder unter anderem in Balaruc am Étang de Thau und in Saint-Lary-Soulan in den Hautes-Pyrénées.

- Thermes de Lamalou-les-Bains, Avenue Georges Clémenceau, 34240 Lamalou-les-Bains www.chainethermale.fr/lamalou-les-bains
- ÖPNV: Bus 655 ab Béziers, Haltestelle Lamalou-les-Bains Casino

PISCINE NOUVELLE

Gummibärchen-Himmel

16

Im Haribo-Museum in Uzès

1996 beschloss Hans-Jürgen Riegel, ein Museum zu gründen. Eigentlich wollte er den Franzosen in den Räumlichkeiten neben der Süßwarenfabrik, die er in Uzès leitete, nur ein wenig von der Geschichte seiner Familie näherbringen. Schließlich war diese in Deutschland nicht ganz unbekannt. Sein Vater Hans hatte es mit seinen Fruchtgummikreationen fast zu Weltruhm gebracht: Ihm gehörte Haribo.

Das Museum wurde schnell ein Erfolg und musste wachsen. Schon 10 Jahre später wurde es erweitert und kürzlich kamen weitere Flächen hinzu. Bereits beim Betreten des Vorraums riecht es untrüglich nach Lakritz. Vielleicht in Anlehnung daran, dass die erste Fabrik der Firma Haribo in Frankreich Lakritz herstellte. Zumindest wird auch im weiteren Verlauf des Besuchs klar, dass die schwarze Masse für Haribo-Frankreich wichtig war. Ein ganzer Bereich ist der Lakritzproduktion gewidmet. Danach trifft der Besucher unvermittelt auf Hans Riegel selbst – allerdings nur in Form einer Wachsfigur, die in der dem Original nachempfundenen Versuchsküche steht. Zu sehen sind die Stärke-Formen, in denen die Gummibärchen, Kirschen und Cola-Flaschen hergestellt werden. Wie eine Zuckerziehmaschine oder die horizontale Kegelwalzmaschine funktioniert, wird anhand von (französisch-, englisch- und deutschsprachigen) Schautafeln erklärt. In der zweiten Etage feiert das Museum die Verkaufsschlager in Frankreich: Tagada – der Klassiker mit Schaumzuckerkern und süß-kandierter Erdbeerumhüllung – und Chamallows, samt Sitzgelegenheit und Fotomöglichkeit.

Der letzte Teil der Ausstellung soll in das Haribo-Universum entführen. Weltweit gibt es immerhin 16 Fabriken, zwei davon in Frankreich. Die Farben, die Formen, die Geschmacksrichtungen der Produkte – sie alle werden hier noch mal gefeiert. Am Ende mit einem aufwändigen Rundumfilm, der den Betrachter in eine imaginäre Fabrik entführt. Zu guter Letzt darf jeder Besucher seine eigenen Bonbons „herstellen“ – und kann sich im Haribo-Shop glücklich kaufen.

TIPP

Kontrastprogramm: Im Château Ducal d'Uzès (Duchy von Uzès) gibt der Hausherr zuweilen eine Führung.

- Le Musée Haribo et sa Boutique, Pont des Charrettes, 30700 Uzès, Tel. + 33 (0) 4 66 22 74 39, www.museeharibo.fr
- ÖPNV: Bus 152 ab Nîmes, Haltestelle Uzès Le Refuge

Eine Handbreit Wasser

17

Stand-up-Paddling auf dem Étang d'Ingril

Sanft streicht der Wind von der Bergkette Massif de la Gardiole über die Lagune. Winzig kleine Wellen kräuseln sich auf dem Wasser – der Grund in kaum 2 Meter Tiefe lässt sich trotzdem noch gut erkennen, denn das Wasser des Étangs d'Ingril ist klar. „Wenn man genau hinsieht, kann man die Nacre entdecken", erklärt Jean-Christophe Tréal, der vor rund 10 Jahren eines der ersten Wassersport-, genauer Kitezentren an der Küste zwischen Montpellier und Sète gegründet hat. *Nacre* bedeutet Perlmutt und bezieht sich auf die mehr als handflächengroßen Muscheln, die senkrecht aus dem Grund des Gewässers herausschauen. Auch Schwämme und Seeigel lassen sich aus der sicheren Position des Stand-up-Paddle-Bretts erkennen.

Maximal 3 Meter ist der Étang d'Ingril zwischen Frontignan und Frontignan Plage tief, berichtet Jean-Christophe. Auf der 2-stündigen Tour, die er in seinem Tiki Center anbietet, erfahren geübte und ungeübte Freunde des Stehpaddelns viel über den Étang, seine Bewohner, die Region und die Traditionen. So erzählt Jean-Christophe seiner Gruppe etwas über die traditionelle Fischerei, die Salinen am Ufer nahe Frontignan und fährt mit ihnen die Strecke des Rhône-Sète-Kanals entlang. Dieser zieht sich von Sète beziehungsweise Frontignan kommend durch das Binnengewässer und die sich anschließenden Étang de Vic und Étang de l'Arnel. Nebenbei erhalten die Teilnehmenden noch praktische Hinweise zum richtigen Paddeln.

TIPP

Auf der Lagune de Thau bietet auch Kithau in Marseillan SUP-Touren an. www.kithau.com

Die Landschaft der Binnengewässer bei Sète gehört zur Natura 2000, dem EU-weiten Netz von Schutzgebieten zur Erhaltung gefährdeter oder typischer Lebensräume und Arten. An den Uferbereichen des Étangs d'Ingril etwa liegen die Naturschutzräume der ehemaligen Stätte zur Salzgewinnung Saline de Frontignan und Bois des Aresquiers – ein einmaliger Kiefernwald zwischen den Étangs d'Ingril und de Vic. Als Kontrastprogramm für seine Gäste lenkt Jean-Christophe sein SUP unter einer Brücke hindurch in den kleinen, relativ tiefen Sportboothafen von Frontignan Plage, der sehr belebt ist.

- Tiki Center, 46 Avenue d'Ingril, 34110 Frontignan, Tel. +33 (0) 6 19 14 87 90 www.tiki-center.com

AQUA MARINA

Verstecktes Kleinod

18

Im ausgezeichneten Dorf Saint-Guilhem-le-Désert

Seit fast 200 Jahren breitet die Platane im Dorfkern von Saint-Guilhem-le-Désert ihr Blätterdach über den hellen Sandplatz. 1855 war sie 6 Meter hoch. Das bezeugt zumindest ein ebenso altes Schild, das am Stamm befestigt ist. Dabei ist der Baum nicht die älteste Sehenswürdigkeit. Die Mauern, die im Karree um den Platz stehen, gehören zu Häusern, die im 12. Jahrhundert gebaut wurden.

Das erste Bauwerk dieses Ortes am Pilgerweg nach Santiago de Compostela war das Kloster Gellone. Guilhem (Wilhelm von Aquitanien und Toulouse), ein Cousin Karls des Großen, gründete es. Er gelangte insbesondere durch die Feldzüge gegen die Sarazenen zu Berühmtheit. Doch 803 beschloss Wilhelm, das Schwert niederzulegen und Buße zu tun. Er wurde Mönch und 1066 heiliggesprochen, was vermehrt Pilger zu seinem Grab führte.

Saint-Guilhem-le-Désert liegt in einem schmalen Tal, durch das der Verdus dem Namensgeber des Départements, dem Hérault, entgegenfließt. Im Grunde besteht das Dorf nur aus zwei Gassen, die fast parallel zum Ufer des Flüsschens verlaufen. Parkplätze sind hier Mangelware und wurden für die zahlreichen Besucher oberhalb des Ortes sowie am Hérault geschaffen. Umschlossen wird der kleine Ort von den Hügeln des Mittelgebirges. In nördlicher Richtung sind die Reste des Château du Géant sichtbar. Der Sage nach lebte hier ein Riese, der die Einwohner terrorisierte und von Guilhem getötet wurde.

Wo dieser sein Kloster gegründet hatte, entstand im 11. Jahrhundert die romanische Abtei. Heute ist sie nicht mehr ganz im Originalzustand, denn im 19. Jahrhundert kauften sich John D. Rockefeller und andere wohlhabende Menschen kurzerhand Teile des Kreuzgangs. Daher ist auf einer Seite nur eine glatte Wand zu sehen. In den schmalen Gässchen gibt es nicht viel zu entdecken. Doch ein Spaziergang durch eines der schönsten Dörfer des Landes (und eine Grand Site de France) gehört auf jeden Fall zum Pflichtprogramm eines Languedoc-Besuchs. Als Teil des Jakobswegs zählt es zudem zum Weltkulturerbe der UNESCO.

TIPP

Die Cascade de Saint-Guilhem hinter dem Kloster ansehen. Besser mit einem kleinen Auto kommen.

- Platane im Dorfkern, 2 Place de la Liberté, 34150 Saint-Guilhem-le-Désert
- Château du Géant, 18 Rue Cor de Nostra Dona, 34150 Saint-Guilhem-le-Désert
www.saint-guilhem-le-desert.com
- ÖPNV: Bus 668 ab Montpellier, Haltestelle Saint-Guilhem-le-Désert Centre

6 m

Keltern wie die Römer

19

Lebendige Archäologie im Mas des Tourelles

Das Schönste am Weingut Mas des Tourelles ist der Innenhof mit den alten Olivenbäumen, den Oleanderbüschen und der Glyzinie mit den armdicken Ästen, die sich als Sonnenschutz an der Hauswand entlangschlängelt. Hier sitzen, einen Schluck Wein trinken und den Zikaden zuhören – viel südfranzösischer geht es kaum.

Doch das Besondere am Weingut in der Nähe von Beaucaire ist einmalig in Südfrankreich: Wo jetzt die Reben wachsen, erbauten die Römer vor rund 2000 Jahren eine galloromanische Siedlung namens Les Tourelles (Türmchen). Hier wurden Amphoren für Wein hergestellt, eines der wichtigsten Handelsgüter auf der angrenzenden Handelsstraße Via Domitia. Zu finden sind diese Gefäße in einem Nebenraum des Weinguts. Sie stehen neben der massiven römischen Weinpresse, die hier vor ein paar Jahren nach historischen Plänen gebaut wurde. Denn nachdem die gallorömische Produktionsstätte in den 1980er-Jahren entdeckt wurde, entwickelte sich das Weingut der Durands zu einem Ort für gelebte Archäologie. Die römische Weinpresse wurde nicht nur mit all ihren Rädern, Balken, Seilen und Winden rekonstruiert. An jedem zweiten Sonntag im September werden die Trauben wie in der Antike geerntet und gemaischt. Erst stampfen Männer und Frauen in Tuniken mit nackten Füßen durch die Früchte. Danach wird der Rest mithilfe der rekonstruierten Hebelpresse aus Eichenholz gepresst. Der Saft wird dann in Dolia – fassartige Tongefäße der Römer – gefüllt und nach überlieferten Rezepten in römischen Wein verwandelt. Dabei verwendet der Kellermeister nur Hilfsmittel, die auch vor 2000 Jahren verfügbar waren – wie der Besen aus Fenchelstielen zum Umrühren des Defrutums. Durch Zugabe von Meerwasser wurde unter anderem sichergestellt, dass sich der Wein besser hält.

Das Endergebnis steht zum Kauf im Laden des Weinguts bereit. Aber Achtung: Römischer Wein ist nicht mit heutigem Wein vergleichbar. Also Mulsum, Turriculae und Carenum lieber erst einmal probieren, auch herkömmliche Weine stehen zur Auswahl.

TIPP

Wer Mas des Tourelles nicht im September besucht, kann sich einen deutschsprachigen Film ansehen.

Mas des Tourelles, 4294 Route de Saint-Gilles, 30300 Beaucaire,
Tel. + 33 (0) 4 66 59 19 72, www.tourelles.com

Wanderbare Felsenküste

20

Unterwegs im Naturschutzgebiet Cap Béar

Wie eine schräge Delfinflosse ragt der Felsen auf der graugrünen Naturlandschaft des Cap Béar heraus. Damit bietet er in der felsigen Küsten- und Klippenlandschaft die ideale Rückenlehne während der Wanderpause. Warm scheint die Sonne auf den grauen Schieferstein; auf der anderen Seite weht ein kühler Wind und zerzaust die Haare.

Unterhalb der Felsenflosse wacht der 27 Meter hohe Leuchtturm Phare du Cap Béar über die Schifffahrt nahe Port-Vendres. Seit 1907 steht er auf der bis zu 200 Meter hohen Landzunge der Felsenküste, die heute das Naturschutzgebiet Cap Béar im Département Pyrénées-Orientales bildet. Den Rücken gegen den warmen Stein gelehnt, geht der Blick automatisch in die Bucht von Paulilles und ins dahinter im Meeresdunst liegende Banyuls-sur-Mer. Ab und zu tauchen die Silhouetten anderer Wanderer hinter Felsnasen und Bewuchs auf.

TIPP

Site de Paulilles, früher Gelände einer Dynamitfabrik, ist heute ein gepflegter weitläufiger Park.

Gleich mehrere gut ausgeschilderte sandig-felsige Wanderwege durchziehen die Halbinsel, die entweder in Form von gelben Wegweisern oder mittels gelben Markierungen auf Felsen den Weg zeigen. Vom Leuchtturm ausgehend liegt Banyuls-sur-Mer mit 7 Kilometern am weitesten entfernt. Der idyllische Strand von Paulilles ist in gut 1 Stunde oder 3 Kilometern erreichbar. Vom Ruhefelsen oberhalb des Leuchtturms reicht der Blick zwar nicht bis nach Port-Vendres, denn die Hafenstadt befindet sich hinter der Kuppe in rund 4 Kilometer Entfernung vom Phare du Cap Béar. Besonders malerisch ist aber das Panorama auf die okzitanische Hafenstadt auf dem Wanderweg vom Leuchtturm kommend. Dann schmiegen sich die hell gestrichenen Häuser mit den roten Ziegeldächern in die grüne Landschaft der Hügelkette bis in die Bucht hinunter. In ihrer Mitte thront Fort Saint-Elme, errichtet vom legendären Architekten Vauban im 17. Jahrhundert. Ein steiler, mit Stufen ausgestatteter Pfad führt hinunter bis zum Strand an der Bucht de l'Espeluga. Das kühle Wasser des Mittelmeers – perfekt geeignet, um müde Wandererfüße zu erfrischen.

- Cap Beár, 66660 Port-Vendres
- ÖPNV: Zug K8 ab Collioure oder Banyuls-sur-Mer, Haltestelle Gare de Port-Vendres

Rätselhafte Geschichte

21 Escape-Game mit Bildungscharakter in Beaucaire

Der Gral im alten Gemäuer des Châteaus de Beaucaire? Raimund VII., Graf von Toulouse und Saint-Gilles, Herzog von Narbonne und Markgraf der Provence, ist davon überzeugt. Sein Gerippe liegt in einem verschlossenen Raum in der ehemaligen Festung, den nur Befugte betreten können. Ihnen überträgt er die schwere Aufgabe, den Gral zu finden und zu beschützen. 2 Stunden haben die Schatzsucher Zeit, den Spuren zu folgen und den Schatz zu bergen.

Das Escape-Game „Raimond & la Quête du Graal" (auch in englischer Sprache) führt die Abenteurer einmal durch den Rest der Anlage, die unübersehbar auf einem Hügel (dem *beau caire,* dem schönen Felsen) oberhalb der Stadt liegt. Erbaut wurde sie im 11. Jahrhundert, im 17. Jahrhundert durch Richelieu dann fast vollständig abgerissen. Von dem ehemaligen monumentalen Bau existieren heute nur noch der polygonale Turm, die romanische Kapelle, der runde Winkelturm und die breite begehbare Verbindungsmauer. Vor der Burg breitet sich Beaucaire aus, das vor allem durch seine Handelsmesse bekannt war. Erstmals erwähnt wird die europaweit bekannte Messe 1217. Sie wurde mehrere Jahrhunderte lang am 21. Juli eröffnet und dauerte 12 Tage. Auf dem Markt – heute ein großer Parkplatz jenseits der Stadtmauer – gab es alles zu kaufen. Sogar Händler aus der fernen Türkei boten Waren aus dem noch weiter entfernten China feil. Der Markt war so gut besucht, dass einige Bewohner während der Zeit ihre Wohnungen vermieteten und von den Einnahmen den Rest des Jahres leben konnten.

TIPP

Das Tourismusbüro (8 Rue Victor Hugo) hat eine 1-stündige Route durch Beaucaire vorbereitet.

Wer sich auf die Suche nach dem Heiligen Gral begibt, rätselt sich auch durch die Geschichte der Stadt und erfährt allerlei über den Erbauer der Burg, Raimund VII. Vor der alten Burgmauer im Park zeigt ein Falkner im Juli und August in mittelalterlichem Ambiente seine Kunst. Wem das Spiel zu unheimlich ist (oder wer weder französisch noch englisch spricht), kann das Château natürlich auch einfach so besichtigen. Dann winkt am Ende des Besuchs aber nicht dieser einmalige „Schatz".

- Château de Beaucaire, Place Raimond VII, 30300 Beaucaire, Tel. +33 (0) 4 66 59 26 57, www.terredargencetourisme.com
- ÖPNV: Zug K8 ab Nîmes, Haltestelle Gare de Beaucaire

Gaumenglück

22 Mit Carcassonne Food Tour Leckeres probieren

Der Weg zum Paradies für Leckermäuler und Naschkatzen beginnt bei Cristelle Lucchese vor der Tür. Die „Tochter des Südens" *(la fille du midi)* hat ihr ganz persönliches Glück selbst erschaffen – und teilt es gerne. Im Sommer 2020 wagte sie ein neues Abenteuer. Bis dahin betrieb Cristelle einen Laden mit Produkten aus der Umgebung Carcassonnes. Auf Reisen lernte sie dann geführte Touren zu Lebensmittelproduzenten kennen und dachte sich: Das mache ich auch. So entstand die Carcassonne Food Tour.

Besucher haben die Wahl: Sie können mit Cristelle den Markt besuchen, sich zu den süßesten Adressen der Unterstadt *(ville basse)* führen lassen oder mit dem Rad zur Weinprobe aufbrechen. Während des Besuchs auf dem Wochenmarkt auf dem Place Carnot dürfen einige Leckereien sofort im Mund verschwinden, während andere für ein späteres Picknick in Cristelles Korb wandern – dazu gehören die luftigen Mandelküchlein „Les Petits Carcassonnais", Pasteten, Wurst- und Käsesorten sowie Wein. Ganz nebenbei erzählen die Standbetreiber ihre Geschichten und lüften Familiengeheimnisse.

Wer die Sweet Walking Tour bucht, kommt bei den Chocolatiers der Stadt auf seine Kosten. Phillipe Boccardi öffnet die Tür zu seinem kleinen Verkaufsladen ebenso wie Meister-Pâtissier und Chocolatier Bruno Bimas sein opulentes Café, in dem es auch eine süße, eiskalte „Casserole" gibt. Im Delikatessenladen La Ferme dürfen Leckermäuler „Le Pavé de Carcassonne" von Nougalet, einem der ältesten Schokoladenhersteller der Region, naschen. Bei Rémi Touja kitzeln die fruchtigen „Satin d'Ananas" des 2013 als Champion de France ausgezeichneten Pâtissiers den Gaumen. Katja N. serviert in ihrem Café Le Finger ein Schokoladen-Haselnuss-Küchlein. Der traditionelle Nougat darf natürlich auch nicht fehlen. Deswegen stoppt Cristelle in der Maison Bor. Ganz nebenbei führt sie ihre Gäste durch die Innenstadt von Carcassonne, die mit ihrer rund 700-jährigen Geschichte ebenso viele sehenswerte Ecken bietet wie die Burg, die sich über ihr erhebt.

TIPP

Die Schokoladentaler mit einer Prägung des Stadtmotivs von Bruno Bimas sind tolle Mitbringsel.

● Carcassonne Food Tour, 76 Rue Trivalle, 11000 Carcassonne,
Tel. +33 (0) 6 03 89 44 00
www.carcassonnefoodtour.com

Découvrez nos balades gastronomiques à pied ou à vélo dans Carcassonne
carcassonne food tour
Discover our Walking Food Tours in Carcassonne or our Biking Food & Wine Tour in a vineyard
2018 petit futé
2019 petit futé

Bucht der Farben

23 Am Strand der Fischer in Collioure

Malerischer kann ein Strand kaum sein. Wie ein Halbmond schmiegt er sich an die Häuserzeile, die mit ihren farbigen Fassaden wie eine Reihe sommerlicher Lampions wirkt. Links blickt die trutzige Kirche Notre-Dame-des-Anges wachend über den Plage Boramar. Auf der anderen Seite schließt eine niedrige Mauer aus Feldsteinen den Strand ab – perfekt geeignet, um hier ein Eis zu essen und auf das Ufer und den angrenzenden Boulevard zu schauen. Traditionell bunte katalanische Fischerboote säumen die Einfahrt zum Hafen und schaukeln sanft in der Mittelmeerbrise. Es ist kein Zufall, dass die Farben der Boote an den Häuserfassaden wiederzufinden sind. Früher haben die Fischer die Reste des Bootsanstrichs für Fensterläden und Türen verwendet. An diesem Strand haben sie ihre Boote an Land gezogen, Netze geflickt und die bunten Kähne gepflegt – daher ist er auch als Plage des Pêcheurs bekannt.

TIPP

Von der gegenüberliegenden Klippe (28 Route de Port-Vendres) auf die Stadt und den Strand schauen.

Schon vor 1500 Jahren hatten einige römische Soldaten das Glück, hier ihren Dienst leisten zu dürfen. An der heutigen Hafeneinfahrt errichteten sie eine Station. Bereits damals muss die kleine Bucht mit ihren schroffen Klippen, sanft geschwungenen Stränden und orange-rosafarbenen Sonnenaufgängen traumhaft gewesen sein. Danach kamen die Grafen von Roussillon und die Könige von Aragon und bauten die Verteidigungsanlage aus. Auch die Spanier und Franzosen setzten hier noch eine Mauer, dort noch einen Turm und andernorts noch ein Häuschen hin. Die Könige von Mallorca, die hier ab 1229 rund 500 Jahre lang herrschten, machten das Naheliegende und nutzten das Château Royal de Collioure als Sommerresidenz. Heute wirkt das Schloss wie ein verschachteltes Ensemble unterschiedlicher Gebäude aus Feldsteinen und Ziegeln.

Abends bereichern oft Straßenmusiker das Bild. Bei einem Kaltgetränk in einem der zahlreichen Restaurants am Boulevard du Boramar unter den beleuchteten Platanen sitzen, dabei dem bunten Treiben auf der Prachtstraße zusehen und dem Rauschen der Wellen zuhören – idyllischer geht es kaum.

- Plage Boramar/Plage des Pêcheurs, 1 Boulevard Boramar, 66190 Collioure
  www.collioure.com
- ÖPNV: Zug K8 ab Cerbère, Haltestelle Gare de Collioure

Geburtsort der Lakritze

24

Die medizinische Fakultät in Montpellier

Am Ende des Place de La Canourgue, umgeben von Bürgerhäusern, gleich hinter der Einhorn-Statue sitzt es sich ganz hervorragend. Die Blätter der Platanen rauschen, es ist schattig und die Rue Saint-Pierre liegt wie ein ausgetrocknetes Flussbett gute 10 Meter unterhalb des Aussichtspunktes. Es herrscht geschäftiges Treiben in diesem Teil Montpelliers – kein Wunder, liegen doch zahlreiche hervorragende Restaurants in der Nähe des kleinen Parks.

Aus dem beige-hellroten Häusermeer ragt ein Turm hervor, der eindeutig zu einem kirchlichen Gebäude gehört. Doch weit gefehlt. Hier studierten junge Menschen bereits im 18. Jahrhundert Medizin. Die Cathédrale Saint-Pierre überlebte als einziger Sakralbau der Stadt die Glaubenskriege; daran schließt sich nahtlos die medizinische Fakultät an. Die Universität von Montpellier ist alt. Sie ist nach Paris und Toulouse die drittälteste Frankreichs. Die medizinische Fakultät wurde noch vor der Uni 1220 gegründet – sie gilt damit als älteste weltweit. Den Zugang zum Gebäude – einem 27 Meter hohen, unprätentiösen Langhaus – sichert eine kurze Brücke, auf der seit 1864 die Statuen von Paul-Joseph Barthez, französischer Arzt, Physiologe und Enzyklopädist, sowie François de Lapeyronie, französischer Chirurg, die Eintretenden begrüßen. 1795 wurde das Langhaus mit seinen gotischen Rippengewölben auf Wunsch von Jean-Antoine Chaptal, einem ehemaligen Studenten und späteren Innenminister, der medizinischen Fakultät zugeteilt. Er baute sogar auf eigene Kosten viele Teile aus – etwa den heutigen Haupthof und ehemaligen Kreuzgang des Klosters sowie das Theatrum Anatomicum. Im Museé d'Anatomie sind Skelette, in Formalien eingelegte Körperteile und Modelle erkrankter Organe zu sehen. Im ehemaligen Kreuzgang lässt sich noch immer das Rosettenfenster der Kathedrale bewundern. Erst 1808 wurde die medizinische Fakultät der neu gegründeten Universität von Montpellier angegliedert. Hier wurde übrigens auch die Lakritze erfunden – ursprünglich als Magenmittel.

TIPP

Im angrenzenden Jardin des Plantes, einem der ältesten Botanischen Gärten Europas, die Ruhe genießen.

● Université de Montpellier I – Faculty of Medicine, 2 Rue de l'École de Médecine, 34090 Montpellier, https://facmedecine.umontpellier.fr

● ÖPNV: Bus 6, 7, Tram 1, Haltestelle Peyrou Arc de Triomphe

ABI immobilier

Surfers Paradies

25

Auf dem Étang de Leucate

Das Wasser sprudelt wild unter den Brettern, die auf ihrer Fahrt über den Binnensee weiße Spuren hinterlassen. Der Wind treibt bunte Segel vor sich her. Die Dreiecke flitzen aus allen Richtungen über den Étang de Leucate, der sowohl zum Département Aude als auch zum Département Pyrénées-Orientals gehört. Leucate gilt als einer der besten Surf- und Kite-Spots in Europa. Das liegt vor allem an den hervorragenden Windbedingungen, die hier herrschen. Der Tramontana weht in den Winter-, Herbst- und Frühlingsmonaten meistens über die Pyrenäen heran aus Nord bis Nordwest. Im Sommer treffen der aus Norden wehende Tramontana und der Marin aufeinander, der auflandige Meerwind aus Südost.

Ganz im Norden liegt der beliebte Spot Le Goulet. Der nördliche Arm des Étangs ist relativ schmal und bietet so auch für Anfänger gute Bedingungen, zumal der Einstieg meist wellenlos und das Binnenmeer an vielen Stellen stehtief ist. Und sollte der Wind doch mal zu stark oder zu schwach wehen, lockt Leucate Village – einer von vier Ortsteilen, die Leucate mittlerweile ausmachen. Die jüngste Erweiterung ist Port Leucate, das in den 1960er-Jahren auf dem Reißbrett entstand. Um den Ortskern herum liegen zwei große Hafenbecken mit rund 1200 Liegeplätzen für Segler. Das alte Dorf, früher Grenzort zu Spanien, bezaubert mit bunten Häusern, engen Gassen und der alten Burgruine. Es schmiegt sich den Hang hinauf, auf dessen Plateau sich so wunderbar wandern lässt und das zum Parc Naturel Régional de la Narbonnaise en Méditerranée gehört (Glücksort 9).

TIPP

In La Franqui – einem der ersten Badeorte Südfrankreichs – Strand und Ursprünglichkeit genießen.

Wasserliebend sind nicht nur die Windsurfer. Der Étang de Leucate ist auch für seine Austern und Muscheln bekannt. An der Verbindungsstraße zwischen Leucate Plage und Port Leucate liegt das Centre Ostréicole, in dem frische Austern und Muscheln verkauft werden. Da diese vor Port Leucate gedeihen, kommen sich Züchter und Surfer auf dem Wasser nicht ins Gehege. Bei der Größe des 5400 Hektar großen Étangs de Leucate sollte das auch wirklich kein Problem sein.

- Aire de Camping-Car Le Goulet, Village, 11370 Leucate, Tel. +33 (0) 4 68 40 91 31
  www.tourisme-leucate.fr
- ÖPNV: Zug K3, K8 ab Narbonne oder Perpignan, Haltestelle Gare de Leucate-la-Franqui

Himmelhohes Gras

26

Flanieren in der Bambouseraie de Prafrance

Gelbgrün und armdick ragen die Grasstängel in die Höhe. An ihrem Ende in gut 15 Metern Höhe haben sich Blätter gebildet. Der südfranzösische Wind streicht hindurch und lässt den Blätterwald rauschen, der am Rande eines kleinen Parks inmitten eines großen botanischen Gartens steht. In den Wasserbecken wachsen Seerosen, die weißen, roten und rosa Blüten der umstehenden Büsche geben ihr liebliches Aroma in die warme Luft ab. Dahinter gedeihen Hängebirken, Erdbeerbäume und ein Schnurbaum, Rhododendren und Rosen.

In diesem botanischen Garten der etwas anderen Art wachsen Bäume und Büsche aus allen Teilen der Erde, darunter 240 Bambusarten wie der Riesenbambus, der bis zu 25 Meter hoch wird, gelber, grüner, blauer, schwarzer und roter Bambus. Wer eine Führung bucht, erfährt, dass einige Arten hart wie Stahl und die jungen Triebe essbar sind, Bambus weltweit zur gleichen Zeit blüht und biologisch zu den Gräsern zählt. Daher wachsen die Stängel auch so schnell – nach 3 Monaten sind sie ausgewachsen. Die asiatischen Gewächse haben der Bambouseraie de Prafrance in Anduze am Rande der Cevennen ihren Namen gegeben. Hier findet sich das größte Bambusgehölz außerhalb Asiens.

TIPP

Der Train à Vapeur des Cévennes fährt von Saint-Jean-du-Gard nach Anduze und hält vor der Bambouseraie.

Eugène Mazel hatte 1856 die Idee, auf seinem Grundstück so viele Baumarten wie möglich zu pflanzen. Die fruchtbare Erde und das gemäßigte Klima der Cevennen schienen dafür bestens geeignet. Auf 15 Hektar sammelte der Gewürzhändler, der vor allem auf der Seidenstraße aktiv war, anfangs vor allem asiatische Gewächse, aber auch Bäume aus Nordamerika. So steht auf dem Grundstück nicht nur die mit 160 Jahren älteste Eiche Frankreichs, sondern auch ein Riesenmammutbaum; 176 chinesische Palmen bilden eine 200 Meter lange Allee; im Drachengarten wachsen an die 50 verschiedenen japanischen Ahornbäume. Dieser wurde von der Familie Nègre angelegt, die den Garten mittlerweile in der vierten Generation hegt und pflegt. Mit Erfolg. 2008 wurde die Bambouseraie sogar in die Liste der historischen Monumente Frankreichs aufgenommen.

- Bambouseraie de Prafrance, 552 Rue de Montsauve, 30140 Générargues, Tel. +33 (0) 4 66 61 70 47, www.bambouseraie.fr
- ÖPNV: Bus 112 ab Nîmes, Haltestelle Anduze Porte des Cevennes

Ein Felsen mit Geschichte

27

Minerve hat viel zu erzählen

Im ausgetrockneten Teil des Flussbetts stehen viele kleine und größere Steinmännchen. Sie haben die schönste Aussicht auf eines der malerischsten Dörfer des Languedoc. Ganz im Südwesten des Départements Hérault thront Minerve auf einem steil abfallenden Felsvorsprung. Die Zeit und das Wasser der Flüsse Cesse und Brian haben sich tief in die Landschaft hineingearbeitet und dabei einen fast uneinnehmbaren Ort geschaffen. In der langen, rund 2000 Jahre alten Geschichte wurde Minerve daher auch mehr als einmal Zufluchtsort – unter anderem für die Katharer. Über die Grenzen hinaus bekannt war Minerve schon immer für seinen Wein. Nicht von ungefähr prägt der Ort den Namen für diese sehr berühmte Weingegend: Minervois.

Der Weg vom Parkplatz – lustigerweise muss der Ort zum Parken fast umrundet werden – in die mittelalterliche Stadt führt an dem einzigen verbliebenen Element der alten Burg vorbei. Wie eine Kerze ragt der ehemalige Eckpfeiler in den Himmel. Einzelne Häuser beziehungsweise Elemente davon lassen sich bis ins 6. Jahrhundert zurückdatieren. Allerdings wiesen Archäologen nach, dass bereits 4000 Jahre vor Beginn unserer Zeitrechnung Menschen hier gelebt haben müssen. Zeugnisse dieser Zeit finden sich im paläontologischen Museum neben dem Fremdenverkehrsamt.

TIPP

Die Kirche Saint-Étienne besuchen und den frühchristlichen grafitisierten Marmoraltar besichtigen.

Von ihrem Standort am Strand der Cesse bleibt den Steinmännchen nichts anderes übrig, als auf die die Schlucht überspannende Rundbogenbrücke und die scheinbar mit dem Felsen verwachsenen Häuser zu schauen. Wenn sie könnten, würden sie garantiert durch die engen Gassen laufen, in einem der vielen, häufig auf Mittelalter spezialisierten Läden stöbern oder sich Kaffee und Eis kaufen. Eine Abkühlung bietet auch die Höhle der natürlichen Steinbrücken, die die Cesse in den Kalksandstein gewaschen hat, sie gehört zu den Großen Sehenswürdigkeiten Frankreichs (Grand Site de France). Die größte der beiden, die Pont Grande, endet am Fuß des Dorfes und kann problemlos durchwandert werden. Nur die Steinmännchen müssen bleiben, wo sie sind.

34210 Minerve
www.minervois-caroux.com

Schmuckstück an der Rhône

28 Viel Sehenswertes in Villeneuve-lès-Avignon

Wie eine große gemütliche Erdkröte hockt das mächtige Fort Saint-André auf dem Hügel oberhalb von Villeneuve-lès-Avignon – gegenüber der ewig dominanten Schwester Avignon. Besucher des Départements Gard lassen die charmante Kleinstadt jenseits der Rhône oft links liegen. Dabei gibt es hier viel Kulturhistorisches zu entdecken.
Einen besonders schönen Eindruck der Stadt erhält, wer sich im Schatten der Kiefern im öffentlich zugänglichen Park La Colline des Mourgues niederlässt. Dieser hat bestimmt schon so manchen Maler gesehen, der hier die Silhouette der Stadt auf seine Leinwand bannte. Voraus erhebt sich das aus dem 14. Jahrhundert stammende Fort mit seinen mächtigen Schutzmauern und den markanten Zwillingstürmen Tours Jumelles. Es beschützt heute unter anderem eine der ältesten Klosteranlagen Südfrankreichs, L'Abbaye Saint-André. Die Anlage mit den weitläufigen Gärten und Parkanlagen darf besichtigt werden, ebenso wie die Festungsanlage. Beide bieten eine traumhafte Aussicht aufs Rhônetal. Links unterhalb der Festung hebt sich der viereckige Turm der Kirche Saint-Pons aus dem Häusermeer. Auch sie stammt aus dem 14. Jahrhundert und gilt als eine der ersten Kirchen, die nach einem einschiffigen Grundriss gebaut wurden. Das Highlight der Stadt ist zwischen den vielen Häusern dagegen kaum auszumachen: Unterhalb des Forts versteckt sich das aufwändig renovierte Kartäuserkloster Val des Bénédiction. Wer genau hinsieht, erkennt die Klostermauer.
Für einen Besuch des Parks lohnt es sich, unterhalb des Tour Phillipe-le-Bel (einem ehemaligen Brückenkopf der Pont Saint-Bénézet über die Rhône) zu parken. Die 20 Gehminuten bis in die Innenstadt führen genau am Colline des Mourgues vorbei. Das 7 Hektar große Gelände ist mit Wanderwegen durchzogen und eignet sich gut zum Picknicken. Zu entdecken sind die Petite Chartreuse, die Einsiedelei des letzten Kartäusermönches von Villeneuve, eine Freilichtbühne sowie ein Kinderspielplatz.

TIPP

In der Kapelle Notre-Dame-de-Consolation sind Fresken von Albert Martin zu sehen.

- Parc La Colline de Mourgues, Rue Montée de la Tour, 30400 Villeneuve-lès-Avignon
- ÖPNV: Zug ab Nîmes, Haltestelle Gare d'Avignon Centre; dann Bus 05, Haltestelle Tour le Bel

Glück in der Waffel

29

Vor der Eisdiele Le Cornet d'Or in Valras-Plage

Thomas zieht den fingerdicken Hebel nach vorne und das Glück ergießt sich ins Waffelhörnchen. Es ist kalt, süß und zweifarbig. Le Cornet d'Or ist garantiert ein Glücksort für (Soft-)Eisliebhaber. Hier wird das beste Eis der ganzen Küste zwischen dem Orb und der Aude hergestellt – und vielleicht sogar darüber hinaus. Für den Genuss fahren viele Städter aus dem 20 Minuten entfernten Béziers nach Valras-Plage. Kein Wunder, bedient es doch jede Geschmacksrichtung. Es gibt Kokos, Minze, Schwarze Johannisbeere, Karamell, Lakritz, Barbapapa, Banane, Passionsfrucht – und wem das zu exotisch ist, der kann natürlich auch Schoko, Vanille oder Erdbeere bekommen. Zwei Softeissorten passen auf ein Hörnchen, es gibt aber auch „Géant" und Kinderportionen. (Auch verschiedene Sorten „Boule" stehen zur Auswahl.)

TIPP

Palais de la Maquette – Musée Lego (11 Rue du Lieutenant Panis) für kleine und große Spielzeugfans.

Mit dem Eis in der Hand – Achtung! Bei Hitze Fluchtgefahr! – geht es dann zum Strand, der nur ein paar Schritte entfernt ist. Valras-Plage ist vor allem bei Familien beliebt und hat sogar eine Auszeichnung für seine Kinderfreundlichkeit. Von der Promenade bis zur Wasserkante müssen Strandbesucher gute 100 Meter zurücklegen. Im Sommer ist es ratsam, die Strandschuhe anzulassen – der Sand ist heiß. Platz ist genug: Der Abschnitt erstreckt sich von der Mündung des Orb auf der einen Seite bis zur Mündung der Aude über 6 Kilometer; an seinem südlichen Ende dürfen sich die Naturalisten ausbreiten.

Spielplätze, Wassersportangebote und sauberes Mittelmeerwasser – am Hauptstrand weht die Blaue Flagge für gute Wasserqualität – sowie herrlich feiner Sand zeichnen Valras-Plage aus. Im Sommer ist der Strandabschnitt direkt am Ortszentrum relativ voll – aber schon ein paar Meter Richtung Süden wird es leerer. Bis dahin ist das Eis bestimmt aufgegessen. Wen es nicht an den Strand zieht, der mag vielleicht in den typischen Strandboutiquen stöbern oder sich den Yachthafen am Orb mit seinen 240 Liegeplätzen ansehen. Noch ein Tipp für Tagesbesucher: Es schadet nicht, ab und zu zwei Eis am Tag zu essen.

- Le Cornet d'Or, 1 Rue Charles Thomas, 34350 Valras-Plage
- ÖPNV: Bus E ab Béziers, Haltestelle Valras-Plage Impasse Julien

Caramel

Die Welt der Instrumente

30

Eine Reise durch den musikalischen Reichtum

Ein Unterkiefer als Musikinstrument? Der Panzer eines Gürteltiers als Klangkörper für eine Laute? Staunend steht der Mann vor der beleuchteten Vitrine und schaut auf die Musikinstrumente, die aus Südafrika stammen. Er liest die Schautafel: Der Tierknochen ist eine Quijada (spanisch „Kiefer"), also ein Schlaginstrument aus Chile und Peru, und der Panzer mit Steg eine Charango (kleines Zupfinstrument aus dem Altiplano der südamerikanischen Andenregion).

Über 520 traditionelle und volkstümliche Instrumente aus der ganzen Welt sind im Musée de la Musique in Céret ausgestellt und präsentieren damit eine Weltreise der ganz anderen Art. Das Museum befindet sich in einem ehemaligen Krankenhaus neben der Kirche Saint-Roch in der Altstadt. Eigentlich ist es nicht erstaunlich, dass gerade in der Kleinstadt im Département Pyrénées-Orientales ein Museum für Musik und Musikinstrumente existiert. Hier wurde der katalanische Reigentanz Sardane als Ceretane erfunden; der Volkstanz wird sogar heute noch hier aufgeführt und gefeiert. So behandelt der erste Teil der Ausstellung dann auch die Geschichte des katalanischen Tanzes und der Musik.

TIPP

Das Museum gibt regionaler Musik eine Bühne, ein Blick auf den Veranstaltungskalender lohnt sich.

Wer durch die oberen Räume schlendert, wandert durch den musikalischen Reichtum Frankreichs – vom Finistère über das Piemont bis nach Katalonien. Danach folgen Musikinstrumente und Gegenstände aus Afrika, dem Nahen Osten, Asien, Europa und Amerika, die den Reichtum und die Vielfalt der Musik widerspiegeln. Die Ausstellung ist geschmackvoll gestaltet. Die Räume sind in Schwarz gehalten mit vielen Lichtakzenten, wirken aber nicht düster. Im Gegenteil: Sie vermitteln eine mystische und außergewöhnliche Atmosphäre, die den ungewöhnlichen Exponaten Rechnung trägt. In großen Glasvitrinen liegen, stehen und hängen die Musikinstrumente und dazu passende Objekte wie Masken, Marionetten oder auch Bekleidungsstücke. Teilweise laufen an den Podesten kleine Filme mit Konzertausschnitten der jeweiligen Instrumente. Die hier ausgestellte Anzahl an Oboen ist weltweit einmalig.

- Musée de la Musique, 14 Rue Pierre Rameil, 66400 Céret
www.music-ceret.com
- ÖPNV: Bus 530 ab Perpignan, Haltestelle Céret Rp du Toréador

Salz für die Seele

31

Die Salin d'Aigues-Mortes

Totes Wasser. Das klingt nicht nach einem Glücksort. Und trotzdem hat diese flache Landschaft etwas Besonderes. Die kleinen Bassins sind quadratisch und durch Sandaufwürfe oder Buschgruppen voneinander getrennt. Ab und zu steht dort eine kleine Hütte oder ein Auto. Nur die weißen Hügel, die sich neben dem Étang de la Ville ausbreiten, deuten darauf hin, dass das tote Wasser wichtige Spurenelemente und Mineralien produziert. Die Salzgärten – Salinen genannt – sind mittlerweile eine große Anlage. Über fast 200 Quadratkilometer erstreckt sich das Gebiet der Salzgärtner. Wer die kleine Touristenbahn (fährt von Mitte März bis Mitte November) besteigt, ist 1 gute Stunde unterwegs. Dabei erfahren Besucher alles über die Arbeit des „Saunier", über die verschiedenen Verdunstungsteiche und wie aus Mittelmeerwasser mithilfe von Sonne und Wind Salz wird. Im Kristallierbecken angelangt, ist die Salzkonzentration so hoch, dass sich die weißen Flocken an der Oberfläche absetzen und vorsichtig abgeschöpft werden können. Die Ernte wird mit rund 500.000 Tonnen Salz pro Jahr beziffert. Übrigens: Die beste Erntezeit für das Fleur de Sel ist Mitte August. Ab September wird dann das grobe Meersalz gewonnen.

Es ist eine beinahe mystische Stimmung, die von dem rötlichen Wasser und der so kurios geformten Landschaft ausgeht. Die Färbung wird durch eine Alge im konzentrierten Salzwasser verursacht. Die Salzgärten eignen sich auch gut zum Wandern. Ausflügler sollten sich einen Naturführer buchen, der auf der 2-stündigen Tour viel zur Ernte des Fleur de Sel sowie über Pflanzen- und Tierarten erzählen kann. Wer denkt, in dieser nutzbar gemachten Landschaft gibt es nichts zu sehen: *au contraire!* Fast 300 Pflanzenarten, 200 Vogelarten – 157 davon geschützt – sowie Tausende von Flamingos leben hier. Mit einer Flamingo-Population von mehr als 10.000 Tieren ist der Salzgarten das größte Schutzgebiet Europas. So tot ist das Wasser vor den Toren Aigues-Mortes also gar nicht.

TIPP

Es gibt auch zwei Radtouren durch die Salzgärten: 12 oder 30 Kilometer lang.

- Salin d'Aigues-Mortes, Route du Grau du Roi, 30220 Aigues-Mortes
www.salins.com
- ÖPNV: Zug P8 ab Nîmes, Haltestelle Gare d'Aigues-Mortes;
Bus 606 ab Montpellier, Haltestelle Aigues-Mortes Tour de Constance

Nicht schlecht, die Schlucht

32

Die Teufelsbrücke an den Gorges de l'Hérault

Der Eingang zu den Schluchten des Héraults wird imposant in Szene gesetzt: Die Pont du Diable (bei Saint-Jean-de-Fos im Département Hérault) zählt zu den ältesten mittelalterlichen Brücken Frankreichs. Dahinter steigen die hellen Felsen der Schluchten steil empor und das Wasser schlängelt sich als grünliches Band in unbekannte Gefilde. Der Strand – ein sehr breiter Uferstreifen mit Sand und Kieseln – zählt in den warmen Monaten zu den beliebtesten Ausflugszielen der Umgebung. Am Besucherzentrum bietet ein großer Parkplatz ausreichend Platz für Badegäste und Tagestouristen; hier gibt es nicht nur Informationen, sondern auch Toiletten und eine kleine Restauration.

Das Plätschern und Rauschen des Héraults, der an einer kleinen Furt Steine überqueren muss, übertönt das Brummen der Autos, die über die vordere der beiden Brücke fahren. Sie überspannt die beiden Seiten der Schlucht erst seit 1932. Seitdem dürfen nur noch Fußgänger die aus dem frühen 11. Jahrhundert stammende Pont du Diable betreten. Die Äbte der Klöster in Aniane und Saint-Guilhem bauten sie als Verbindung zwischen den Wallfahrtsorten. Die Bogenbrücke wurde zwischen 1036 und 1048 aus Stein gebaut, hat eine Spannweite von 16 Metern, eine Gesamtlänge von 65 und eine Breite von 4 Metern. Seit 1998 wird sie gemeinsam mit dem Kloster Saint-Guilhem-le-Désert als UNESCO-Weltkulturerbe geführt.

TIPP

In den Schluchten des Héraults lässt sich großartig Kanu fahren. Verleihstationen bieten Touren an.

Die Felsvorsprünge an den Brückenpfeilern nutzen einige Wagemutige als Ausgangspunkt für einen Sprung in den kalten Fluss. Weit weniger gefährlich und einfacher geht es vom Strand ins Nass. Das Wasser ist klar und mit Glück (oder einem Kescher) lassen sich kleine Fische fangen. Kinder bauen derweil Staudämme oder errichten aus den Steinen kleine Häfen. Die Badegäste sitzen in Strandstühlen oder liegen auf Matten. Viele Bäume gibt es hier nicht, es ist also angebracht, einen Sonnenschirm mitzunehmen. Für alle Besucher – ob Brückenfreunde oder Wassermenschen – gilt: hinsetzen und sich von Bauwerk, Schluchten und Fluss beeindrucken lassen.

- Le Pont du Diable, Saint-Jean-de-Fos, 34150 Aniane
  www.saintguilhem-valleeherault.fr
- ÖPNV: Bus 668 ab Montpellier, Haltestelle Saint-Jean-de-Fos Pont du Diable

Magische Madonna

33

In der Karsthöhle „Grotte des Demoiselles"

Es ist kalt. Die Kinder ziehen ihre Fleecejacken enger um sich und schließen die Reißverschlüsse über ihren kurzärmligen T-Shirts. Mit der Kälte an den Beinen werden sie wohl noch etwas leben müssen – bis sie die Höhle wieder verlassen können und sich in der Hitze der okzitanischen Sonne die Jacken schnell vom Körper reißen werden. Die Tropfsteinhöhle Grotte des Demoiselles nahe Saint-Bauzille-de-Putois im Département Hérault versteckt sich in den Gebirgsformationen der südlichen Cevennen. Die 1926 errichtete Seilbahn bringt Besucher über einen steilen und langen Tunnel in die Höhle. Zunächst geht es über verschlungene Wege, hinauf und hinab, in eine weite, wenig spektakuläre Grotte hinein, in der die Geschichte der Entdeckung erzählt wird. Die Kinder haben sich mit Audiogeräten ausstatten lassen, damit können auch nicht französischsprachige Besucher den Ausführungen folgen. Dann geht es weiter. Nach dem Durchwandern feuchter Gänge und kleiner Höhlen öffnet sich unvermittelt eine riesige Grotte. Die Ausmaße der sogenannten Cathédrale Souterraine lässt sich nur daran erkennen, dass sich auf der anderen Seite – in ähnlichen mit Balkonen ausgestatteten Wegen – winzig erscheinende Besuchergruppen ausmachen lassen. Der Freiraum hat eine Länge von 120 und eine Breite von 80 Metern.

TIPP

Alternative im Hérault: Grotte de Clamouse in Saint-Jean-de-Fos; im Aude: Gouffre Géant in Cabrespine.

Wer Höhenangst hat, sollte jetzt etwas durchatmen, denn es geht rund 60 Meter über schmale, gewundene Pfade nach unten. Dabei lassen sich in allen Ecken steinerne Wesen entdecken. Der Fantasie sind keine Grenzen gesetzt, um den zahllosen Formationen von Stalagmiten und Stalaktiten einen Namen zu geben. Unten in der „Kirche" steht die Steinformation, die der Grotte ihren Namen gibt: eine Madonna mit Jesuskind. Von hier unten lohnt es sich, den Blick noch einmal über die zahlreichen illuminierten Karst- und Kalkformationen gleiten zu lassen. Dann lauschen die Kinder dem Guide, der ein natürliches Glockenspiel vorführt. Schließlich geht es wieder hinaus in die Wärme Südfrankreichs.

- Grotte des Demoiselles, D986, 34190 Saint-Bauzille-de-Putois
www.demoiselles.com
- ÖPNV: 608 ab Ganges, Haltestelle Saint-Bauzille-de-Putois Rieutord

Im Fluss bleiben

34 Les Concluses de Lussan und der Aiguillon

Der Aiguillon hat ganze Arbeit geleistet. Der Nebenfluss der Cèze hat im Laufe der Jahrhunderte den Kalkstein ausgehöhlt und so auf einer Länge von 6 Kilometern eine einzigartige Landschaft geschaffen. Wo sonst Wasser sprudelt, finden sich in trockenen Jahreszeiten Wasserlöcher und Auswaschungen, eingerahmt von hohen Kalkfelsen und wilder Natur. Eine der schönsten Stellen – ideal als Ausgangspunkt für eine Wanderung – ist der Felsenbogen Le Portail des Concluses. Vom Parkplatz Les Concluses nahe Lussan führt ein gut ausgebauter Weg hinab zum Ort, an dem die Felsen eine Art Tunnel bilden. Der Strom hat geschwungene Felsenüberhänge geschaffen, über denen sich Büsche und Bäumchen in den hellen Kalkstein klammern. Eichen und Ahornbäume tragen Moose und Flechten in ihrem Geäst und verleihen dem Ort eine mystische Atmosphäre. Das ausgetrocknete Flussbett lädt zu einer abenteuerlichen Wanderung ein.

TIPP

Vorbeischauen: Lussan gilt als eines der schönsten befestigten Felsendörfer Südfrankreichs.

In Monaten, in denen der Aiguillon Wasser führt, ist ein Holzsteg beim Überqueren behilflich. Dann ist das Flussbett nicht begehbar, aber zwei ausgeschilderte Wanderwege führen durch die Gebirgslandschaft und die Garrigue. Der kürzere führt über eine Distanz von 8 Kilometern, der zweite ist 14 Kilometer lang. Bei beiden sind unwegsames Gelände, Kletterpartien und Handläufe Teil der Strecke. Jeder von ihnen führt am 5,6 Meter hohen Menhir La Pierre Plantée aus der Bronzezeit vorbei, der seit 1910 denkmalgeschützt ist. Der kürzere Wanderweg führt vom Menhir in einem kleinen Bogen auf rund 300 Höhenmeter zurück zum Combe de Queue de Bœuf, bevor es dann wieder rund 70 Meter hinab zum Portail geht. Der längere Wanderweg führt an der archäologischen Stätte La Table des Turcs vorbei über die kleine Ortschaft La Lèque bis zum Parkplatz zurück.

Der anstrengendste Teil bei beiden Wanderungen ist der Aufstieg vom Portail des Concluses hinauf auf die Ebene, in der der Menhir steht. Wer die Anstrengung auf sich nimmt, wird mit einer wunderschönen Rundstrecke in einzigartiger Natur belohnt.

- Les Concluses de Lussan, D 643, 30580 Lussan
  www.uzes-pontdugard.de
- ÖPNV: Bus 152 ab Uzès, Haltestelle Lussan Mas Neuf, ca. 70 Minuten zu Fuß

Rad küsst Küste

35 Auf der EuroVelo 8 am Mittelmeer entlang

Die Fahrräder rollen leicht über den sandigen Untergrund. Das stetige Knirschen begleitet die Fahrt, ebenso das Rufen von Möwen, Flamingos und anderer Wald- und Küstenvögel – je nachdem, auf welchem Abschnitt der Mittelmeer-Route sich der Radreisende aktuell aufhält. Meistens weht eine salzige Brise vom Meer herüber. An einigen Stellen führt die insgesamt 850 Kilometer lange Strecke auch durch Städte.
La Méditerranée à vélo ist der Name des französischen Teils der EuroVelo 8, der von den Pyrenäen bis nach Monaco führt. Im Roussillon startet die Strecke in der spanisch-französischen Gemeinde Le Perthus. Von hier geht es stetig bergab mit Blick auf das Albères-Massiv Richtung Argelès-sur-Mer. Auf den nächsten Kilometern macht der Radweg seinem Namen alle Ehre: Von Argelès geht es zwischen den zahlreichen Étangs entlang bis nach Narbonne. Danach führt der Weg am Canal du Midi und den neun Schleusen von Fonséranes in Béziers zurück zur Küste. Ab Sète schlängelt sich die Strecke zwischen Lagunen und an Stränden entlang, durch den Naturpark Camargue und die mittelalterliche Stadt Aigues-Mortes mit ihren Salzgärten bis nach Beaucaire. Natürlich führt der Radweg noch weiter – wer will, kann sogar Venedig erkunden.
Die Tour entlang den Küsten des Roussillon und Languedoc ist in gut 1 Woche zu schaffen. Die Strecke lässt sich in sechs gemütliche Abschnitte mit je rund 50 Kilometern einteilen. Stopps in den wunderschönen ehemaligen römischen Kolonien Narbonne und Béziers bieten sich jedoch an. Auch ein Abstecher nach Perpignan lässt sich gut einbauen; hier führt die 14 Kilometer lange Strecke zum Teil an der Têt entlang.
Es empfehlt sich, die Nebensaison für diese wunderschöne Fahrradtour zu nutzen. Im Sommer scheint die Sonne erbarmungslos auf die zumeist unbeschatteten und aus hellem Sand erbauten Wege. Allerdings sollten Radtouristen in der Nebensaison schauen, wo sie unterkommen können. Viele Campingplätze an der Küste schließen von Oktober bis April.

TIPP

Nicht alle Streckenabschnitte sind komplett ausgebaut. Eine (digitale) Karte ist empfehlenswert.

● La Méditerranée à vélo der EuroVelo 8, Einstieg zum Beispiel bei 66480 Le Perthus
https://de.francevelotourisme.com

Das Versailles des Languedoc

36

Ein Besuch in der Altstadt von Pézenas

Pézenas liegt im Tal des Flusses Hérault und wird zwischen den größeren Städten Béziers und Montpellier oft übersehen. Dabei hat diese bezaubernde Altstadt viel zu bieten: schmale Kopfsteinpflastergassen, die an Kunsthandwerk, Trödelläden und so manch epochalem Gebäude vorbeiführen. Pézenas war einst wichtig in der Geschichte des Languedoc – Mitte des 15. Jahrhunderts versammelten sich die Generalstände das erste Mal in der Stadt und machten sie im 16. und 17. Jahrhundert zum Regierungssitz. Daher trägt Pézenas noch heute den Beinamen „Versailles des Languedoc".

1692 versammelten sich die Stände das letzte Mal, danach versank die Stadt in der Bedeutungslosigkeit. Das hatte allerdings auch gute Seiten: Der historische Stadtkern mit seinen zahlreichen herrschaftlichen Stadthäusern ist erhalten geblieben und wurde größtenteils sorgsam restauriert. Einige der Gebäude sind zu besichtigen, wie das Hôtel de Lacoste (6 Rue François Oustrin) mit den Bogengängen aus Sandstein, den offenen Treppen und schmiedeeisernen Geländern; das dagegen schlichte Hôtel Malibran aus dem 18. Jahrhundert, dessen Fassade mit Fratzenköpfen, die lachende Frauengesichter darstellen, verziert ist (47 Rue Denfert Rochereau); oder das wunderschöne Ensemble am Place Gambetta mit dem alten Palais Consulaire, einem prächtigen Bau aus Muschelkalk.

TIPP

Wochenmarkt immer samstags, Trödelmarkt zweimal im Jahr (Mai und Oktober) entlang der Hauptstraße.

Die Gassen der Stadt stellen ein kleines Labyrinth dar. Wer ihnen in nordwestlicher Richtung folgt, landet hinter der Porte de la Prison Consulaire im einstigen jüdischen Viertel. Viele (auch deutschsprachige) Hinweisschilder berichten von der Geschichte der Juden in Pézenas. Hinweisschilder ganz anderer Art zeugen vom Stolz der Stadt auf ihre vielen Kunsthandwerker: „Je conçois, je fabrique dans mon atelier" besagt, dass sich hier ein ganz besonderer Laden befindet. Überhaupt lässt es sich in Pézenas wunderbar stöbern und shoppen. In der Touristeninformation gibt es einen kostenlosen Führer, der Vorschläge zu einem Altstadt-Rundgang mit 33 Stationen macht.

34120 Pézenas
www.capdagde.com/pezenas
ÖPNV: Bus 656 ab Béziers, Haltestelle Pézenas Place Bonnet

Aug in Aug mit dem Kraken

37 Im Aquarium Biodiversarium de Banyuls-sur-Mer

Der kleine, leicht rosafarbene Oktopus lebt in einem Korb. Er hat seinen biegsamen Körper in dem Flechtwerk so drapiert, dass nur noch sein rundlicher Kopf mit den großen, klugen Augen zu sehen ist. Langsam schlängelt er einen Arm über die Kante des Korbs, dann einen zweiten, dritten und vierten, bis er kurz vor der durchsichtigen Wand des Wassertanks anhält. Fast sieht es aus, als wolle er den Finger des Mädchens berühren, das davorsteht und Kontakt sucht. Dann zieht er sich wieder in sein Versteck zurück.

Der kleine Krake ist eines von über 300 Tieren, die im Aquarium von Banyuls-sur-Mer leben. Gegründet wurde es 1885 von Henri de Lacaze-Duthiers und ist damit das älteste der französischen Mittelmeerküste. Der Zoologe schaffte bereits 3 Jahre vorher das Ozeanische Observatorium Laboratoire Arago, das das Leben im Meer noch heute erforscht. Über drei Etagen erstreckt sich das maritime Museum. Die erste Etage erzählt die Geschichte der Forschungseinrichtung, der Küstenlandschaft und des Meeresschutzgebiets von Cerbère-Banyuls, das sich über eine Küstenlänge von 6,5 Kilometern erstreckt und bis zu 2 Kilometer ins Mittelmeer hineinreicht. Hier steht stolz die Taucherausrüstung von Louis Boutan, der 1893 als erster Mensch ein Unterwasserfoto vor Banyuls machte.

TIPP

Am Hafen von Banyuls eine Tauchsafari buchen und die Unterwasserfauna vor Ort bewundern.

Auf der zweiten Etage warten Seepferdchen in ihren wässrigen Wohnwelten, schwimmen Rochen im offenen Becken der Küstenlandschaft. Was hier lebt, hat sein Zuhause im Meer zwischen Leucate und Argèles-sur-Mer und darf nach 3 Jahren das Aquarium wieder verlassen. Der Krake wartet hier auf Besucher und die blaue Krabbe – als Symbol für invasive Spezies – versteckt sich in einer sandigen Ecke eines weiteren offenen Beckens. Von hier geht es ins Erdgeschoss. Im Dunkeln präsentieren sich Korallenriffe, fliegende Fische und Bewohner der Tiefsee. Dann ist die Tour durch die friedvolle, ruhige Welt der Wasserwesen beendet und es geht wieder hinaus in den hellen Sonnenschein der lebendigen Hafenstadt.

- Observatoire Océanologique, 1 Avenue Pierre Fabre, 66650 Banyuls-sur-Mer
  www.biodiversarium.fr
- ÖPNV: Zug K8 ab Cerbère oder Perpignan, Haltestelle Gare de Banyuls-sur-Mer

Wein trifft Kunst

38

Im Weinkeller der Cave de Saint-Chinian

Der dicke gelbe Mann lacht übers ganze Gesicht. Der breite Grinsemund ist unter seinem dichten schwarzen Schnurrbart deutlich zu sehen. Dabei jongliert er mit Weinflaschen. Hinter ihm steht eine Frau mit rosa Hut und wehenden Haaren. Sie hält ein Weinglas in der Hand und betrachtet einen Pferdepopo.

Es ist ein buntes, vielfältiges und wunderschönes Durcheinander, das sich im Weinkeller der Kooperative Cave de Saint-Chinian bietet. Seit 2013 malen jedes Jahr namhafte Künstler ein Gemälde an eine Wand. Der vorher industriell anmutende Raum wurde so zu einer Galerie. „Natürlich gibt es eine Vorgabe für die Werke", sagt Thomas von der Kooperative. „Die Bilder müssen zum Thema Wein passen." Nicht immer ist das sofort ersichtlich – wie bei den düsteren Engeln von YZ. Eine Anspielung auf den *part des anges* – den Engelsanteil des Weins. Die neueste Kreation des Architekten und Malers Thomas Fabresse ist besonders ausgeklügelt. In seinem endlosen Labyrinth finden sich viele Elemente aus der Geschichte der Kooperative – wie die Uhr, deren Zeiger auf 19:32 stehen. 1932 war das Gründungsjahr der Cave de Saint-Chinian. Heutzutage gehören 120 Weinbauern dazu, davon rund drei Viertel Nebenerwerbslandwirte. Sie stammen aus sechs Dörfern im Gebiet der Appellation, die östlich an den Parc Naturel Régional du Haut-Languedoc grenzt und 20 Ortschaften umfasst.

TIPP

Vorzüglichen Wein gibt es auch im Faugères und im Minervois gleich nebenan.

Das Besondere an diesem Weinanbaugebiet ist die Vielzahl der hier angebauten Trauben sowie die unterschiedliche Bodenbeschaffenheit. So wachsen Syrah, Grenache, Carignon, Mourvèdre und Cinsault auf Schiefer, Kalkstein oder nährstoffreicherer Erde. Sie verleihen den Weinen – zumeist Cuveés – eine eigene Note. Mal rauchig, mal fruchtig. Auch die Künstler, die die Wände verschönern, kreieren einen eigenen Wein. Zu jedem Kunstwerk wird bei Cave de Saint-Chinian der dazugehörige Wein produziert. Natürlich mit einem Etikett, das mit dem Gemälde korrespondiert. So darf der gelbe Mann auch im heimischen Wohnzimmer weiter jonglieren.

- Cave de Saint-Chinian, Route de Sorteilho, 34360 Saint-Chinian, Tel. +33 (0) 4 67 38 28 40, www.lartencave.com
- ÖPNV: Bus 654 ab Béziers, Haltestelle Saint-Chinian Château

DEPUIS 1937

Kilometerlanges Strandglück

39

Am Meeresufer in Canet-en-Roussillon

Canet-en-Roussillon bietet den perfekten „So-stelle-ich-mir-meinen-Südfrankreichurlaub-vor“-Strand. Über 9 Kilometer zieht sich der feine Sandstrand an der Küste des Golf von Lion entlang. Vom Zufluss der Têt im Norden mit Unterbrechung durch den Hafen bis nach Saint-Cyprien können hier alle Meeressüchtigen glücklich werden. Flach fällt der breite Strand ins Wasser ab und wird an vielen Stellen von den Rettungsschwimmern auf den *postes de secours* bewacht. Die „Blaue Flagge“ weht an den Strandabschnitten und verleiht ihnen das Gütezeichen für nachhaltigen Tourismus. Damit wird auch die gute Qualität des Meerwassers verbürgt.

Doch der Strand-für-alle ist nicht nur bei Familien beliebt, die im Sommer erst in den Nachmittagsstunden den ansonsten glühend heißen Strand betreten. Direkt neben Parking Côte Vermeille schlägt das Herz eines jeden passionierten Basketballers höher; so richtig in den Sand werfen können sich Sportenthusiasten beim Beachvolleyball, Rugby oder Soccer direkt am Strand. Und sollten Eltern ihre Kinder vermissen, so sind die bestimmt auf einem der Spielplätze – die zum Teil kleinen Vergnügungsparks ähneln. Im Les Voiles Blanches, Le Kiaora Beachclub, The Family Beach Bar oder einem der anderen Strandrestaurants pausieren große und kleine Strandgänger im Schatten auf Lounge-Sofas und genießen einen Mittagssnack oder den obligatorischen Petit Café.

Weniger aufgeräumt und betriebsam geht es jenseits der Hafeneinfahrt des Port de Plaisance zu. Dafür bestimmen hier weitläufige Dünen, blühende Kakteen und vereinzelte Windsurfer das Bild. Kitesurfer dürfen ihre Schirme am Strand unterhalb des Étangs de Canet-Saint-Nazaire aufbauen. In dem Naturschutzgebiet des Küstensees kommen Ornithologen auf ihre Kosten und entdecken je nach Saison mehr als 200 Zugvogelarten. Übrigens: Auch Sonnenaufgangsfotografen sind hier richtig. Wenn der glühende Ball über dem Mittelmeer auftaucht und den Himmel in alle Orange- und Rosatöne taucht, kann der Strandtag nur noch großartig werden.

TIPP

Am Plage du Lido, zwischen Canet-en-Roussillon und Saint-Cyprien-Plage, dürfen Hunde an den Strand.

- 66140 Canet-en-Roussillon
www.tourismus-mittelmeerpyrenaen.de/canet-en-roussillon
- ÖPNV: Bus 3 ab Perpignan, Haltestelle Canet-en-Roussillon

Einzigartige Wassertreppe

40 Die Schleusen von Fonséranes bei Béziers

Schon ziemlich genial, dieser Salzsteuereintreiber. Da erfindet er einen Kanal, der den Atlantik mit dem Mittelmeer verbinden sollte. Ein solches Projekt galt schon seit dem Altertum als undurchführbar, da an der höchsten Stelle kein Wasser für die Befüllung des Kanals zur Verfügung stand. Der Gedanke lässt auch Pierre-Paul Riquet, der als kleiner Junge von der Idee hört, nicht los. Er befasst sich mit Hydrologie, Geologie und Bauwesen. In der Montagne Noire findet er die Lösung: Das Wasser der nach Süden und Westen fließenden Bäche des Gebirges im südlichen Teil der Départements Aude und Hérault lässt er zur Scheitelhaltung des Canal du Midi leiten.

Im Jahr 1667 beginnen die Arbeiten für den Kanal, der ursprünglich „Canal Royal" hieß. Riquet hatte die Trassenführung der 240 Kilometer langen Wasserstraße im Detail festgelegt sowie rund 350 technische Bauwerke, die für den Betrieb des Kanals notwendig waren. Eines dieser Bauwerke ist die Schleusentreppe von Fonséranes in der Nähe von Béziers. Sie überwindet eine Höhe von 13,60 Metern auf einer Strecke von 300 Metern. Die neunte Schleuse führt in den Fluss Orb – und überbrückt so einen zusätzlichen Höhenunterschied von rund 8 Metern. Diese ist aber nicht mehr in Betrieb. Die Schiffe fahren nacheinander in die acht Kammern (daher auch die Bezeichnung „Octuple"), die jeweils die Wasserhöhe der nachfolgenden Stufe annehmen. Das Einfüllen oder Ablassen des Wassers (immerhin 700 Kubikmeter) dauert 45 Minuten. Pro Becken! Kein Wunder also, dass es hier immer etwas zu gucken gibt.

Doch das Panorama lohnt die Mühen: Die Schleusentreppe bietet einen direkten Blick auf die Kathedrale und die Stadtmauer von Béziers. Zum entspannten Beobachten des Schleusens empfiehlt sich das Restaurant direkt neben der Touristeninformation. 4 Jahre dauerte die Errichtung des Bauwerks, das heute zu den Grands Sites d'Occitanie zählt. Ein botanischer Lehrpfad, eine Schatzsuche und ein Audioguide gehören zum Besucherprogramm.

TIPP

Den Film über den Bau des Kanals und die Schleusentreppen im Besucherzentrum ansehen (in Deutsch).

- Les 9 Écluses de Fonséranes, Rue du Canal Royal, 34500 Béziers
  www.9ecluses.com
- ÖPNV: Bus R2, Haltestelle 9 Écluses

Kleine Happen mit Pfiff

41 Die Petits Pâtés Nîmois gibt es nur in Nîmes

Klein sind sie wirklich, diese Pasteten. Sie könnten mit einem großen Happs im Mund verschwinden. Doch dafür sind sie viel zu lecker. Die Pasteten aus Nîmes haben einen Durchmesser von rund 5 Zentimetern und sind ungefähr genauso hoch. Mantel, Boden und Decke bestehen aus Mürbeteig, gefüllt sind sie traditionell mit Kalb- und Schweinefleisch. In Frédéric Buissons Geschäft Les Pâtès Nîmois gibt es jedoch noch weitere Varianten: Chorizo oder Boudin (Blutwurst), nach Art der Camargue (mit Stier), Tiellette (mit Tintenfisch), provenzalisch (mit Lamm und Oliven) sowie à la Brandade, die bei den Südfranzosen beliebte Kabeljaupaste. Jede Pastete ziert ein anderes Motiv. Grinsende Kraken, das Camargue-Kreuz oder Krokodil und Palme, die Symbole der Stadt. Wer die kleinen Leckerbissen erfunden hat, ist unklar. War es Ende des 19. Jahrhunderts der Bäcker Delcasso-Vernet? Oder doch der berühmte Koch und Gourmet Charles Durand (1766–1854), der auch als Erfinder der *brandade* gilt? Frédéric Buisson gehört auf jeden Fall schon seit acht Generationen einer Bäckerfamilie an. Den 300 Quadratmeter großen Laden am Quais de la Fontaine hat er von Christophe Brunetti übernommen, der die Pasteten hier über 10 Jahre lang herstellte. Besucher sollten sich von dem hohen, fast kahlen Raum nicht abschrecken lassen. Schon die Auslage im Kühltresen ist ein Augenschmaus. Wer früh genug kommt, kann sogar dem Koch bei der Arbeit zusehen.

TIPP

Alternative für den süßen Zahn: das Traditionsgeschäft La Maison Villaret (13 Rue de la Madeleine).

Jahrelang galten die kleinen Pasteten als Geheimtipp und wurden vor allem von den Einheimischen gekauft. Zu finden sind die Petits Pâtés auch in der Markthalle Les Halles de Nîmes am Stand von Maison Bosc. Die Franzosen essen die Pasteten als Beilage zum Salat oder als Vorspeise. Auch als kalte Speise sind sie sehr lecker. Sie lassen sich hervorragend mitnehmen – etwa zu einem Picknick im Jardin de la Fountaine gleich nebenan. Dazu ein regionaler Weißwein oder Rosé? Am besten ein Costières de Nîmes – der ist schließlich auch ein regionales Produkt.

● Les Pâtès Nîmois, 4 Place Maréchal Foch, 30000 Nîmes, Tel. +33 (0) 4 66 57 57 64
● ÖPNV: Tango Bus 9, 61, Haltestelle Pinède

Les Pâtés Nîmois
Nîmois ce n'est pas un nom, c'est une race.
SANYTOL
Coffret Nîmois 30 €

Im Bann der Ritter

42 Mittelalter auf der Festung Château de Dio

Mit wildem Gebrüll rennen die Männer aufeinander zu. Scheppernd prallen ihre Schwerter gegeneinander, ihre Schilde geben einen hölzernen Knall von sich, als sie aufeinandertreffen. Die Kettenhemden rasseln, die Röcke und Schwertscheiden fliegen. Sechs Kämpfer wüten auf der Rasenfläche vor dem Schloss in Dio-et-Valquières im Département Hérault.

Jedes Jahr im August wird das *fête médiévale* (Mittelalterfest) auf dem Château veranstaltet, das strategisch günstig auf dem L'Escandorgue thront, einem rund 800 Meter hohen Gebirgskamm zwischen dem Lac du Salagou und dem Lac d'Avène. Mittelalterfreunde können den ganzen Tag über Duelle in Rüstungen, ein mittelalterliches Turnier sowie Vorführungen in Bogen- und Armbrustschießen erleben. Glücksritter dürfen sich auch selbst die Hände schmutzig machen, Brot im mittelalterlichen Ofen backen, Münzen nach mittelalterlichem Verfahren prägen und selbst einmal einen Bogen spannen. Es gibt einen kleinen Markt mit Kunsthandwerk und lokalen Erzeugnissen.

TIPP

Von Mai bis September kann das Château (Mo–Sa) besichtigt werden, die Informationen sind in Französisch.

Wer sich das Schloss genauer ansehen will, kann sich zu geführten Besichtigungen anmelden. Das Château de Dio stammt aus dem 11. Jahrhundert und wurde auf den Grundmauern eines westgotischen Bauwerks errichtet. In der Feudalzeit und bis zum Ende des 17. Jahrhunderts bewohnten die Herren von Dio die Burg. Einer der bedeutendsten Bewohner war der aus Lodève stammende Kardinal de Fleury, Präzeptor – eine Art Lehrer – von König Ludwig XV. und Staatsminister von 1726 bis 1743. Heute ist das Schloss in Privatbesitz und als eines der Monuments Historiques (historischen Denkmäler) klassifiziert.

Während des Fests können Neugierige auch eine Rüstung ausprobieren. Mit dem Helm auf dem Kopf und einem massiven Schwert in der Hand wird aus jedem Naseweis ein waschechter Ritter. Neben dem Mittelalterfestival findet auf dem Château de Dio das Festival de Musique im Juli statt. Dann wird die Burg zum Glücksort mit Hörgenuss.

● Château de Dio, 34650 Dio-et-Valquières
www.chateaudedio.info

Auf dem weißen Baum

43

Montpelliers moderne Architektur mal anders

Die Fernsicht von diesem Baum ist grandios. Richtung Süden zeichnet sich der mondäne Badeort La Grande-Motte ab, davor als grünlicher Streifen die Camargue. Auf der einen Seite der Lez, der halbrunde Place de l'Europe, das Quartier Antigone und am Horizont ragt der Pic Saint-Loup in die Höhe.

Der Arbre Blanc („der weiße Baum") ist ein Wohnturm, auf dessen Terrassenbar in der 17. Etage es sich besonders gut sitzen und schauen lässt. Er mutet ein wenig wie ein Jenga-Spiel an: Jedes Stockwerk besitzt mehrere waagerecht herausstehende Platten, die jeweils einen Balkon darstellen. Sie sind unterschiedlich groß und unregelmäßig gesetzt. So wachsen sie scheinbar ungeordnet um den runden (in der Grundform eher nierenförmigen) Turm herum. Die Architekten Sou Fujimoto, Nicolas Laisné und Manal Rachdi haben es geschafft, die Wohnungen und Balkone so anzulegen, dass die Aussicht nicht gestört wird und sie zugleich als Sonnenschutz dienen. Am späten Nachmittag oder frühen Abend sitzt es sich hier am besten: in der Hand ein leckerer Cocktail und auf dem Tisch ein paar Tapas. Langsam geht die Sonne unter, der Himmel verfärbt sich und in der Stadt gehen die ersten Lichter an.

Vis-à-vis liegt das erste der architektonischen Wagnisse, von denen es in Montpellier inzwischen einige gibt: das Quartier Antigone. Auf einem ehemaligen Militärgelände ließ der damalige Bürgermeister Georges Frêche 1977 durch den katalanischen Stararchitekten Ricardo Bofill ein neues Viertel errichten. Es zeichnet sich durch postmoderne Architektur aus, die mit antiken Elementen spielt. Antigone bildete so etwas wie den Startschuss für mutige Ideen und ungewöhnliche Architektur. Eines der jüngsten Neubauviertel ist Port Marianne, Standort des Arbre Blanc. Hier leuchtet nachts die Nuage, die blaue Wolke – ein Wohngebäude samt Restaurant und Fitnessstudio – und in der gleichen Farbe das RBC Design Centre. Von der Dachterrasse aus ist es wunderbar zu sehen.

TIPP

Eine geführte Tour Architectures le Long du Lez in Port Marianne (www.montpellier-tourisme.fr) machen.

● Le Bar L'Arbre Blanc, 10 Parvis Oscar Niemeyer, 34000 Montpellier, Tel. +33 (0) 4 34 76 96 96, www.larbre-restaurant.fr/le-bar
● ÖPNV: Tram 2, Haltestelle Place de l'Europe

Blühende Geschichte

44 Brücken-Hopping am Canal de la Robine

Narbonnes Geschichte ist voller Glanz auf der einen und Abstieg in die Bedeutungslosigkeit auf der anderen Seite. Das Zünglein an der Waage des Schicksals spielte dabei der heutige Canal de la Robine, der zum UNESCO-Weltkulturerbe gehört. Die nur 32 Kilometer lange künstliche Wasserstraße nutzt in Teilen den Verlauf der Aude und verläuft bis nach Port-la-Nouvelle. Die Stadt war die älteste römische Kolonie außerhalb Italiens. Ihre Blütezeit verdankt sie dem florierenden Handel über die Aude und ihrem Status als Hafenstadt. Im 14. Jahrhundert versandete der Fluss zunehmend und damit auch das Glück der Stadt, bis 1787 der heutige Kanal fertiggestellt wurde.

Besonders hübsch anzusehen sind die vielen, aus unterschiedlichen Epochen stammenden Brücken, die den Canal de la Robine überspannen. Rechts und links der Kaimauer liegt „Puma" neben „Idefix", ankern „Graditude" und „Kama Hele" sowie die Hausboote der Kanaltouristen. Blumenarrangements an den Brücken verleihen einem Spaziergang entlang der Wasserstraße ein idyllisches Flair. Verschiedene Tafeln erklären die historischen Veränderungen entlang des Kanals. So ist auf Französisch zu erfahren, dass die Pont de Sainte-Catherine bereits 1339 existierte und im Jahr 1525 wieder neu konstruiert wurde. Oder dass am Quais Victor Hugo und Quais Vallière die Stadtmauern entfernt wurden, um einer expandierenden, vom Weinanbau und der Eisenbahn profitierenden Stadt mehr Platz zu bieten. Mitte des 19. Jahrhunderts wurden zudem die Brücken Pont de la Liberté und Pont de l'Avenir gebaut.

Kurz vor der Pont des Marchands lädt rechtsseitig des Kanals die Promenade des Barques mit ihren jahrhundertealten Platanen zu einem schattigen Päuschen ein. Diese Brücke der Händler verbindet die Stadtviertel Cité und Bourg. In der Römerzeit war die ehemals aus sieben Bögen bestehende Pont des Merchands Teil der Via Domitia, die Italien mit Spanien verband. Sie ist eine der letzten Brücken Frankreichs, auf der noch immer Häuser stehen.

TIPP

Hinter dem Fremdenverkehrsamt von der schmalen, blumengeschmückten Brücke aus die Kaskaden ansehen.

- Canal de la Robine, 11100 Narbonne
- ÖPNV: Bus A, Haltestelle Voltaire

Überall Krokodile

45 Am Brunnen des Place du Marché in Nîmes

Die Nase des Krokodils ist schon ganz glänzend. Anscheinend haben bereits viele Hände über die grünlich goldene Schnauze gestreichelt. Umgänglich sieht es auch nicht aus mit seinen kleinen Augen und den spitzen Zähnen. Trotzdem hält das Krokodil still, als Sophie ihre Hand ausstreckt und es berührt. Ist ja auch kein Wunder, schließlich ist es aus Bronze. Seit 1987 harrt es auf dem Place du Marché in Nîmes aus – für immer angekettet und griesgrämig als vermeintlicher Glücksbringer.

Gestaltet hat den Brunnen der Maler und Bildhauer Martial Raysse. Statt einer Palme setzte er sein Krokodil neben eine abgebrochene Säule aus rotem Marmor. Es soll die Divergenz zwischen Leben (das Wasser des Brunnens) und Tod (die Marmorsäule als Symbol einer Ruine) darstellen.

Das Krokodil ist allgegenwärtig in Nîmes. Es ziert das Logo der Stadt – kreiert von Philippe Starck – und gründet sich auf eine uralte römische Münze, die in Nîmes geprägt und im 16. Jahrhundert wiederentdeckt wurde. Auf ihr sind eine Palme und ein daran angekettetes Krokodil zu sehen. Auftraggeber wird Octavian, der spätere Kaiser Augustus, gewesen sein. Im Ptolemäischen Krieg siegte 31 vor Christus Octavian gegen eine ägyptische Streitmacht und besiegelte damit das Schicksal Ägyptens als römische Provinz. Auf der Münze ist das Krokodil das Symbol für Ägypten, die Palme symbolisiert den Sieg. Die Aufschrift COL NEM steht für Colonia Nemausensis als römische Kolonie.

Echte Echsen – zum Glück als ausgestopfte Variante – sind im Hôtel de Ville, dem städtischen Rathaus, zu finden. Das Quartett hängt hier seit 1853 unter der Decke des Treppenaufgangs. Sie waren wohl Geschenke zu einer Zeit, als die Tiere noch nicht unter Artenschutz standen. Fun Fact: Wer in Nîmes heiratet, kommt deshalb „unter die Krokodile". Im Rathaus ist übrigens auch eine Nachbildung der Münze zu sehen. Wer durch die Stadt läuft, tritt das Symbol permanent mit Füßen, denn die Bronzeplaketten sind auch auf den Straßen der Altstadt zu finden.

TIPP

Die Altstadt steht unter Denkmalschutz; beim Bummel durch die Gassen das mediterrane Flair genießen.

- Place du Marché, 30000 Nîmes
  www.nimes-tourisme.com
- ÖPNV: Tango Bus 7, 9, 10, 14, Haltestelle Arènes

AVANT
GARDE

Wilde Lagunenlandschaft

46 Les Orpellières bei Sérignan-Plage

Les Orpellières ist an Vielfalt kaum zu überbieten. Zwischen dem Mündungsbereich des Orb ins Mittelmeer bei Valras-Plage und Sérignan-Plage liegt diese Küstenlandschaft, die 1980 vom Conservatoire du Littoral erworben und zum Naturschutzgebiet Orpellières ausgebaut wurde. Bis in die jüngere Vergangenheit wurde auf dem Gebiet Landwirtschaft betrieben. Ein Weinbauer entsalzte den Boden, um Reben anzubauen. Heute gliedert sich das Natura-2000-Gebiet in zwei Teile: die 2,5 Kilometer lange Düne und die Salzwiesen.

Ein Wanderweg lädt ein, die abwechslungsreiche Küstenlandschaft zu entdecken. Da er als Rundweg gestaltet wurde, kann er von allen Parkplätzen aus – es gibt fünf auf der gesamten Landzunge – angetreten werden. Den besten Überblick über das Orbufer, die Salzwiesen, Dünen und Lagunen bekommt, wer den Aussichtsturm neben dem Besucherzentrum erklimmt.

TIPP

Fürs Picknick verkauft das Maison des Orpellières regionale Produkte (auch) zum Mitnehmen.

Beginnend am Besucherzentrum führt der Weg am Ufer des Orb entlang. Gegenüber im Schilf liegt der kleine Hafen von Sérignan. Wer Glück hat, entdeckt den Eisvogel mit seinem auffallend blauen Gefieder und sieht im Sommer einen Bienenfresser. Am Horizont zeichnet sich das Canigou-Gebirge ab. In der scheinbar so tristen Flora der Salzwiesen leuchten lila und gelbe Blüten hervor – hier wachsen Strandflieder und die Portulak-Keilmelde. An zahlreichen Stellen biegt der Wanderweg Richtung Strand ab. Durch die Dünen und die Lagunenlandschaft führen Zäune und hölzerne Brücken, um Strandhafer, Trichternarzissen und Sandregenpfeifer zu schützen.

Richtig cool für Familien: Es gibt eine Schatzsuche, die eine Wanderung mit Informationen über das Naturschutzgebiet und verschiedenen Rätselaufgaben verbindet („Alice und das mysteriöse Ei" – auf Englisch); die Materialien gibt es im Besucherzentrum. Dauer: 1,5 bis 2 Stunden. Die Wanderung durch das Naturschutzgebiet lässt sich beliebig ausdehnen. Der Rundweg umfasst rund 5 Kilometer und kann in gut 2 Stunden abgelaufen werden – am Strand entlang kann es etwas länger dauern.

- Les Orpellières, 34410 Serignan, www.beziers-mediterranee.com
- ÖPNV: Bus E ab Béziers, Haltestelle Serignan Pont

Ein Hoch auf das Salz

47

Traditionelle Anchovis in Collioure

Die Familie Desclaux hatte wohl den richtigen Riecher, als sie Mitte der 1960er-Jahre ihre Türen nicht schloss, sondern mit dem Fangen und Salzen der Mittelmeersardellen weitermachte. Seit Generationen produzieren die Desclauxs Anchovis in Collioure – und haben vor nicht allzu langer Zeit die erste Anchovis-Bar der Welt eröffnet.
Schon früh wandten sich die Menschen im Roussillon dem Meer zu, das ihnen ihre Nahrung lieferte. Denn das Land ist felsig und schwer zu bewirtschaften. Noch 1888 zogen die Fischer rund 130 Catalan-Boote an den Strand von Collioure, an dem später mehrere Dutzend Frauen und Männer saßen und Netze reparierten. Der Fang wurde verkauft und wanderte von hier direkt in die Salzhäuser, die um die Ortschaft herum angesiedelt waren. Fassmacher lieferten die Behältnisse für die salzigen Meerestiere, Transporteure schafften die Waren zu ihrem Bestimmungsort, Seilmacher flochten Seile, Bootsbauer waren mit Neubau und Reparatur beschäftigt. Es war eine florierende Industrie.

TIPP

Seit 1870 verarbeitet Anchois Roque die kleinen Fische. Einkaufen und zugucken: 17 Route d'Argelès.

Als François ins Familiengeschäft einstieg, riet man ihm, dies nicht zu tun. Es habe keine Zukunft, prophezeiten seine Landsleute. Heute beschäftigen sich drei Generationen der Familie Desclaux mit den salzigen Fischen: Robert, François und sein Sohn Rémy. Die kleinen blauen Fischchen genießen noch immer die gleiche Behandlung wie vor 150 Jahren. Alles passiert händisch: das Salzen, das Ausnehmen, das Einlagern und das Einmachen.
Eine Geschmacksprobe der Fischspezialität gibt es zum einen im Restaurant der Maison Desclaux, Le Bar à Anchois (8 Rue Pasteur) oder im rückwärtigen Raum des Ladengeschäfts in der Route Départementale 914. Hier findet sich auch ein kleines Museum mit alten Bildern und es gibt einen Film zu sehen, der die Verarbeitung und Historie der Anchois de Collioure sowie des Ortes erklärt. Spoilerwarnung: Anchovis müssen nicht salzig schmecken. Auch in Öl mit Petersilie oder Zitrone sind sie ein Geschmackserlebnis.

- Anchois Desclaux, Route Départementale 914, 66190 Collioure
  Tel. +33 (0) 4 68 82 05 25, www.anchoisdesclaux.com
- ÖPNV: Zug K3 ab Perpignan, Haltestelle Gare de Collioure

SALÉS
HOIS DESCLAUX
LLIOURE

Atemberaubendes Panorama

48

Auf dem Pic Saint-Loup im Département Hérault

Das Glück trägt Wanderstiefel – oder zumindest festes Schuhwerk. Denn ohne ist der Aufstieg zum höchsten Berg der Region Okzitanien eher schwierig. Sein originelles Gipfelkreuz ragt auf 658 Meter über dem Meeresspiegel in den Himmel.

Der Pic Saint-Loup gehört zum Cevennen-Gebirge und wer ihn besteigen will, muss mehr als 300 Höhenmeter überwinden. Meistens werfen Ginsterbüsche, die typischen südfranzösischen Eichen oder andere Gewächse der Bergregion Schatten auf den knapp 2,5 Kilometer langen Wanderweg. Fast träge windet sich dieser an der Burgruine des Château de Montferrand vorbei dem Gipfel entgegen. Ab und zu bietet sich ein kleiner Felsvorsprung zu einem vorsichtigen Blick über die Landschaft an – es ist aber nicht viel zu sehen, außer grüne Hügel und ein blauer Streifen am Horizont.

An einigen Stellen ist der Aufstieg richtig Arbeit. Dann gilt es, von vielen Wanderstiefeln glatt geschliffene Felsen zu überwinden und ein paar Höhenmeter zu klettern. Kurz vor dem Aufgeben ist es geschafft – die Felsen geben die Aussicht frei. Zunächst auf die Chapelle Saint-Joseph und die Einsiedlerhütte, die bis in die 1960er-Jahre noch bewohnt war. Heute dient die Kapelle der Andacht. Dann fällt der Blick zunächst auf Dutzende andere Wanderer, die den Aufstieg ebenfalls geschafft haben, und nach ein paar Metern auf die idyllische Landschaft des Départements Hérault, die Cevennen und Richtung Süden auf Montpellier und das Mittelmeer. Etwas weiter unterhalb liegt der Berg mit der ikonischen Südflanke, der Montagne d'Hortus. So müssen sich Vögel fühlen.

Sich ein paar Schritte von der Kapelle zu entfernen, lohnt sich. Hierher begeben sich weniger Leute. Zahlreiche Felsplateaus laden zum Rasten ein. Nach einer Stärkung geht es wieder zurück. Der Rückweg vom Hausberg Montpelliers zum Parkplatz geht etwas leichter und schneller. Insgesamt sollten Wanderbegeisterte für diesen besonderen Glücksmoment einen halben Tag einplanen.

TIPP

Gestartet wird vom Wanderparkplatz am Nordrand von Cazevieille aus. Am besten früh kommen.

● Pic Saint-Loup, 34270 Cazevieille
www.destination-languedoc.de

Die Kugel zum Glück

49

Okzitaniens schönstes Pétanque-Feld in Banyuls

Plätze wie diesen gibt es überall in Frankreich: Auf einer Fläche von mindestens 4 Metern Breite und 24 Metern Länge liegt relativ ebenmäßig festgeklopfter Sand, der es einer Metallkugel erlaubt zu rollen. Doch ein Sandplatz mit einer Lage wie dieser ist wohl einmalig in Okzitanien, in Südfrankreich, vielleicht im ganzen Land. Das Pétanque-Spielfeld in Banyuls-sur-Mer liegt zwischen dem Strand an der Bucht du Fontaulé und dem Hafen. Beschirmt wird es von mächtigen Palmen, bestaunt werden die Spieler von Passanten, die auf der Promenade an der Avenue Pierre Fabre flanieren.

Die Spieler auf dem Platz – meistens Männer in fortgeschrittenem Alter – halten je zwei faustgroße Metallkugeln in der Hand. Je nachdem, wie viele Leute spielen, sind zwei oder drei Kugeln pro Spieler erlaubt – es dürfen jedoch nie mehr als zwölf Kugeln auf dem Spielfeld sein. Dann wird das Schweinchen *(cochon)*, die deutlich kleinere, meistens rote Zielkugel, platziert. Es wird mindestens 6, jedoch maximal 10 Meter vom Startpunkt entfernt auf den Platz geworfen. Dabei darf sich in einem Umkreis von 1 Meter kein Hindernis – also Mauer, Baum oder Grasbüschel – befinden. Der Startkreis wird mittels eines Kreises mit einem Durchmesser von 50 Zentimetern markiert.

TIPP

Ist da ein nackter Frauenpo zu sehen? Die Fanny muss derjenige küssen, der 13:0 verloren hat.

Die Männer in Banyuls legen den Hula-Hoop-artigen Ring auf den sandigen Boden und machen sich bereit. Sie stellen sich mit geschlossen Beinen hinein und visieren das Schweinchen an. Darin unterscheidet sich Pétanque von Boule: Der „Erfinder" Ernest Pitiot ließ den bis dato üblichen Anlauf weg. Er spielte mit geschlossenen Beinen, mit *pieds tanques*. Nun gilt es, die eigene Kugel näher ans Schweinchen heranzuwerfen als der Gegner – das Abdrängen der gegnerischen Kugeln ist auch erlaubt. Die Mannschaft, die zuerst 13 Punkte erreicht, hat die Partie gewonnen. Die Männer in Banyuls nehmen es sehr genau und messen nach. Das leise Rauschen der Wellen und sanfte Rascheln der Palmenwedel nehmen sie dabei vermutlich kaum noch wahr.

- Aire de Pétanque, neben dem Tourist Office, 4 Avenue Pierre Fabre, 66650 Banyuls-sur-Mer
- ÖPNV: Zug K3 ab Perpignan oder Cerbère, Haltestelle Gare de Banyuls-sur-Mer

Manufaktur und Charcuterie

50

In Villeneuvette nahe Clermont-l'Hérault

Arnaud steht am Grill. Er wendet die Wurst, deren Saft zischend in die glühenden Kohlen tropft. Er bereitet das Mittagessen für die Gäste seines kleinen Bistros L'Ombre du Platane in Villeneuvette vor. Im Schatten der Platanen haben es sich einige Besucher der ehemaligen Tuchmanufaktur im Département Hérault bequem gemacht. Bei Arnaud gibt es Grillteller mit Salat und frischem Brot – und je nach Lust und Laune auch Pommes nach Art des Hauses, Käse und selbst gemachte Limonade.

Wer in der ehemaligen Tuchmanufaktur noch Tuchmacher erwartet, wird enttäuscht. Schon 1957 schloss die Fabrik nach rund 300 Jahren ihre Türen. Hier wurde durch königlichen Erlass hochwertiges *londrins seconds* hergestellt, ein vor allem im Osmanischen Reich sehr geschätztes feines Tuch. Gegründet wurde die Manufaktur im Jahr 1673 vom Tuchfabrikanten und -händler Pierre Baille, der einen Hof und eine Walkmühle am Ufer der Dourbie kaufte. Bald kamen eine Färberei und eine Stoffverarbeitungswerkstatt hinzu.

Nach mehreren Eignerwechseln übernahm die Familie Maistre im Jahr 1720 die Manufaktur. Sie machte daraus die abgeschlossene Kommune, wie sie sich den Besuchern noch heute darbietet. Hier gab es alles – vom Arzt über eine Kirche und einen Bäcker bis zu einer Schreinerei. Von der Familie stammt auch das Motto über dem Eingangsportal „Honneur au travail" (Ehre der Arbeit).

Die eigentliche Manufaktur liegt heute in Ruinen. Doch in den kleinen Gassen lassen sich noch die Arbeiterhäuser, das Haus der Direktoren mit seiner Turmuhr aus dem 18. Jahrhundert, das große – etwas mitleiderregende – Wasserreservoir oder das Aquädukt (Pont de l'Amour) entdecken. Feine Stoffe gibt es auch noch heute: Sigrid verkauft nur ein paar Türen von Arnauds kleinem Restaurant entfernt in ihrer La Galerie Kunsthandwerk von 22 Künstlern. Kleiner Tipp: Erst bei Arnaud bestellen, dann in die Galerie gehen – die Zubereitung des Essens dauert sympathisch lange.

TIPP

In Saptes, im Département Aude, befindet sich eine weitere königliche Tuchmanufaktur des Languedoc.

● 34800 Villeneuvette
www.destination-salagou.fr/de/villeneuvette
● ÖPNV: Bus 663, 685 ab Clermont-l'Herault, Haltestelle Villeneuvette Rd 908

A L'OMBRE DU PLATANE
GLACES:
CITRON
FRAISE
CAFÉ
_ASSIETTE COMPLÈTE : 17 €
(VIANDE + FRITES "MAISON")
_ASSIETTE MIXTE : 14€
(CHARCUTERIE-FROMAGE-CRUDITÉS)
_TARTE SUCRÉE 4€
RÉSERVATION: ARNAUD : 06 26 38 11 01

Blauer Klecks, roter Sand

51

Der Lac du Salagou im Département Hérault

Als hätte ein Maler seine Farbpalette ausgepackt und mit den kräftigsten und gegensätzlichsten Farben eine Landschaft gemalt, so liegt der Lac du Salagou in einem ehemaligen Vulkankrater. Ein blauer Farbklecks in einer rötlichen Hügellandschaft, durchzogen von grünen Flächen und Waldinseln.

Ende der 1950er-Jahre wurde der See geflutet (Glücksort 10) und dient heute als Trinkwasserreservoir, unter anderem für die Metropole Montpellier. Der Vorteil: Um das Wasser vor Verschmutzung zu schützen, sind die rotsandigen Ufer (Les Ruffes) weitgehend unbebaut. Inzwischen hat sich der See zu einem Naherholungsziel erster Güte entwickelt. Für Kinder sind die flachen Uferstreifen ideal, um schwimmen zu lernen. Eine Badestelle mit Parkplätzen, Toiletten, einer Surfschule (Salagou Wind 34) sowie Restaurants am angrenzenden Campingplatz gibt es etwa am Südufer am Ende der D156E4 (Route du Lac). Am gegenüberliegenden Ufer befindet sich die etwas kleinere Badestelle Vailhès (am Ende der D148E5). Auch hier gibt es Parkplätze, öffentliche Toiletten und eine Wassersportstation (Base Nautique du Salagou) neben einem Campingplatz. Am westlichen Arm des Stausees liegt gleich neben Octon die kleine Station Guinguette du Relais Nautique, am Plage d'Octon führt ein Badesteg ins Wasser.

TIPP

Inmitten der Garrigue liegt der Ort Octon, in dem sich der Besuch des Wochenmarktes donnerstags lohnt.

Bei Surfern und Kitern gilt der See als Geheimtipp. Denn der Wind aus den Bergen (der Tramontane) sowie Mistral und Marin sorgen hier für konstante Bedingungen – auch für Anfänger, schließlich ist die Gefahr des Abtreibens nie gegeben. Auch Wanderer sind am Lac du Salagou an der richtigen Adresse. Besonders von den Erhebungen La Sure und Rouens am Südufer des Sees breitet sich die ganze Farbpalette der Umgebung vor der Linse aus. Wer sich von Celles aus am Fuß des Cébérou entlangschlägt, findet nette kleine Badestellen. Liausson auf 500 Metern Höhe bietet den spektakulärsten Blick über die roten Ruffes und den blauen See. Das Gesamtpaket macht den malerischen See zur perfekten Alternative zum Besuch am Mittelmeer.

● Badestelle am Südufer, Route du Lac, 34800 Clermont-l'Hérault
www.destination-languedoc.de

Den Römern auf der Spur

52 Auf dem Rathausplatz in Narbonne

Sie waren echte Könner, diese Römer. Zu ihren Herrschaftszeiten haben sie in ihren Territorien Straßen gebaut, die Europa durchzogen und über die rege Handel getrieben wurde. Die Narbonnais waren auf jeden Fall Nutznießer der römischen Expansion. Die Via Domitia, die Prokonsul Gnaeus Domitius Ahenobarbus zwischen 122 und 118 vor Christus bauen ließ, um einen Landweg von Italien nach Spanien zu schaffen, führte direkt durch die damalige Hauptstadt der Provinz Gallia Narbonensis. Von dem einstigen Prunk des römischen Narbonnes ist nichts mehr übrig. Aber dieser Teil der Handelsstraße flüstert von vergangenen Zeiten und vergangenem Ruhm. Er wurde vor rund 25 Jahren bei Bauarbeiten im historischen Zentrum Narbonnes entdeckt. Die dunkelgrauen, glatt polierten Feldsteine zeugen noch heute von der innovativen Baukunst der Römer. Beim Betrachten des im Boden des Rathausplatzes versunkenen Carrés drängen sich Bilder von Pferden mit Karren und lederbekleideten Füßen der Händler auf. Fast ist das Klappern der Hufe und das Rumpeln der Wagen zu vernehmen.

Hinter der Vertiefung, in der das alte Straßenpflaster ruht, türmt sich der Erzbischöfliche Palast auf, in dem sich auch die Mairie befindet. Das Monument ist das zweitgrößte Erzbischöfliche Ensemble (nach Avignon) in Frankreich. Insbesondere sein 42 Meter hoher Wohn- und Wehrturm (Donjon), den Erzbischof Gilles Aycelin Ende des 13. Jahrhunderts bauen ließ, beeindruckt durch seine Klotzartigkeit, die sich inmitten der Jugendstil-Architektur der südfranzösischen Wohnhäuser um den Rathausplatz herum etwas eigentümlich ausnimmt. Nicht weniger dominant und beeindruckend gibt sich die Kathedrale Saint-Just-et-Saint-Pasteur gleich daneben.

Im Laufe der Jahrtausende haben Geschichte und Stadtväter den Spuren der Römer in der Stadt fast den Garaus gemacht. Einzig das römische Horreum in der Rue Rouget de Lisle 7, eine einzigartige, labyrinthartige unterirdische Lagerstätte für Lebensmittel, zeugt noch von ihrem Wirken in der Stadt.

TIPP

Das Musée Archéologique zeigt Funde aus galloromanischer Zeit und einen Meilenmarker der Via Domitia.

● Via Domitia & Palais-Musée des Archevêques, 13–16 Place de l'Hôtel de Ville, 11100 Narbonne, www.narbonne.fr/palais-musee-archeveques
● ÖPNV: Bus A, Haltestelle La Poste

VIA DOMITIA

Hello, Sunshine

53 Sonnenscheinsieger Eus im Tal der Têt

Wie ein Törtchen sitzt der kleine Ort Eus in der Ebene des Conflent-Tals. Schon von Weitem ist zu sehen, wie es stolz und schön zur Têt hinüberblickt. Stolz darf es auch sein, schließlich gehört Eus nicht nur zu den schönsten Dörfern Frankreichs, es hat auch die meisten Sonnenstunden.

Ab dem 16. Jahrhundert stand auf dieser Anhöhe im Département Pyrénées-Orientales auf fast 1100 Metern eine Burg – die perfekte Position, um feindliche Armeen zurückzuschlagen. Vorne erlaubt die Ebene eine weite Sicht, hinten beginnen schützend die Ausläufer der Pyrenäen. An gleicher Stelle steht nun die Kirche Saint-Vincent-d'En-Haut. Sie wurde zwischen 1720 und 1737 aus den Resten der Burg errichtet. Das Innere ist eher schlicht, hat aber hübsche Altarbilder. Wer vor der Kirchentür oder den Stufen steht, schaut auf die Ebene und die Têt hinunter, vielleicht auf gerade blühende Obstwiesen, aber auf jeden Fall auf den Pic du Canigou jenseits des Tals.

Die Sache hat nur einen Haken: Um zum höchsten Punkt des Ortes zu gelangen, müssen einige Höhenmeter zurückgelegt werden. Die Häuser sind in Terrassen an den Berg gebaut. Schlimm ist das Erklimmen des Ortes allerdings nicht. Die charmanten Kopfsteinpflastergassen mäandern vorbei an Feldsteinhäusern, Torbögen und Türmen, an Blumenkästen, charmanten Läden, Galerien und netten Cafés. Hier scheint immer irgendetwas zu blühen und trotz der engen Gassen und zahllosen Feldsteine ist Eus überraschend grün. Für eine Pause eignet sich das Bistro am Place de la République fast ganz oben im Ort hervorragend. Unter den Schatten spendenden Blättern einer Kirsche breitet sich ein kleiner Platz aus, der wie ein überdimensionierter Balkon wirkt. Von hier reicht die Sicht zwischen zwei Feldsteinwänden vorbei bis ins Gebirge hinüber. Tatsächlich gibt es in Eus viele schöne Aussichtspunkte. Wegen seiner zahlreichen Reize und vielen Sonnenstunden zieht es oftmals Kunstschaffende an. Sie sitzen dann verstreut im Ort und versuchen, die Schönheit der Landschaft einzufangen.

TIPP

Wer den Aufstieg scheut, findet mit Saint-Pierre in Prades eine ähnliche Kirche.

- Eglise Saint-Vincent-d'En-Haut, 7 Carrer Mossem Fourquet, 66500 Eus
- ÖPNV: Zug P24 ab Perpignan, Haltestelle Gare de Marquixanes, ca. 43 Minuten zu Fuß

Harte Schale, weicher Kern

54

Austern essen am Archipel de Thau

Seit der Antike werden im Étang de Thau Austern gezüchtet. Zahlreiche Gestelle und Muschelbänke zeugen davon, dass die Schalentiere in der größten Lagune Okzitaniens (7500 Hektar groß, 19 Kilometer lang) auch heute gut gedeihen. Das Binnenmeer trägt die Auszeichnung „Natura 2000" als Schutzgebiet mit besonders hoher Artenvielfalt. In dem flachen Wasser leben sogar Seepferdchen; insgesamt zählt das Reservat über 600 heimische Pflanzen und Tiere.

Im 20. Jahrhundert stellten die ersten modernen Austernzüchter diese markanten Gestelle auf. Da es im Étang de Thau keine Tiden wie im Atlantik gibt, werden die Austern an langen Leinen oder in Körben gezüchtet. Rund 2800 floßartige Rahmen für diese Leinenkultivierung stehen in dem Binnenmeer, das nur die Sandbank Le Lido vom Mittelmeer trennt. Insgesamt 800 örtliche Zuchtbetriebe, zumeist am Nordufer der Lagune, kämpfen um die Gunst der Genießer. Viele davon laden Besucher ein, sich über den Betrieb und die Zucht zu informieren – etwa Huîtres de Bouzigues in Port de Loupian, La Noisette d'Oc in Mèze oder Huîtres Caumeil in Lieu-dit La Bourboue. Die Huîtres aus Bouzigues gelten als sehr fleischig. In dem Ort gibt es sogar ein Museum über die Muschelzucht (Musée Ethnographique de l'Étang de Thau).

TIPP

Dazu passt der lokale Weißwein Picpoul de Pinet, Muskatwein der Appellation Frontignan oder Mireval.

Florent Tarbouriech kam 2006 auf die Idee, den natürlichen Tidenhub der Ozeane zu kopieren und die Schalentiere regelmäßig aus dem Wasser zu heben. Er nannte es „Solar-Tide", denn Motorwinden, die mit Solarplatten verbunden sind, heben die Austern einmal am Tag aus dem Gewässer. Damit dauert es länger, bis die Austern reif sind (rund 2,5 Jahre), aber das Fleisch wird fester. Denn zum Schutz vor Sonne und Wind schließen die Tiere sich und trainieren damit ihre Muskeln. Da sie größer und fester sind, kosten sie auch mehr.

Leckere Austern gibt es aber natürlich nicht nur in der Tarbouriech-eigenen Gîte de Charme samt Spa und Restaurant bei Marseillan. Die einfachen Straßenlokale in Bouzigues servieren ebenso leckere Schalentiere.

- Tarbouriech La Maison, Chemin des Domaines, 34340 Marseillan
- Chez la Tchèpe, 14 Avenue Louis Tudesq, 34140 Bouzigues
- ÖPNV: Bus 659 ab Sète, Haltestelle Marseillan Port; Bus 604 ab Montpellier, Haltestelle Bouzigues Clavade

Tarbouriech
Tarbouriech

Das Glück der Zeitlosen

55

Im Petit Train Jaune unterwegs in den Pyrenäen

Es rumpelt und schaukelt, manchmal schleift und quietscht es auch. Trotzdem ist die Reise mit dem „Kanarienvogel“ *(canari)*, wie die Franzosen den kleinen gelben Zug mit den sechs Waggons nennen, eine gemütliche Sache. Mit nur 30 Stundenkilometern zuckelt die Schmalspurbahn in Meterspur über etwas mehr als 60 Kilometer hinweg die Pyrenäen hinauf. 3 Stunden braucht sie dafür.

Vor rund 115 Jahren wurde die Ligne de Cerdagne eröffnet. Sie verbindet Villefranche-de-Conflent mit Latour-de-Carol-Enveitg und überwindet dabei mehr als 1000 Höhenmeter. Bei ihrer Inbetriebnahme galt sie als Hightech-Errungenschaft, denn der Zug fuhr bereits damals elektrisch. Dafür wurde eigens das Wasserkraftwerk in La Cassagne gebaut, das heute noch den Strom für den Zug produziert.

TIPP

Auch wenn es im Tal warm ist, besser eine Jacke einpacken – oder gleich in einen Waggon setzen.

Inzwischen ist die Fahrt mit dem Train Jaune, dem gelben Zug, ein Erlebnis, dem sich vor allem Familien und Eisenbahnfans hingeben. Besonders eindrucksvoll breitet sich die Bergregion vor den Augen der begeisterten Passagiere aus, die in der offenen Kutsche sitzen. Natürlich besitzen auch die geschlossenen Waggons kleine Plattformen am Ende des Wagens, doch ein so unmittelbares Erlebnis wie im offenen Panoramawagen gibt es dort nicht. Der seichte Fahrtwind weht durch die Haare (Achtung, im Sommer besser eine Kopfbedeckung aufsetzen) und es riecht nach Wald – und ein bisschen nach den Schmiermitteln des alten Zuges. Neben der einmaligen Natur gibt es auf der Strecke auch bauliche Highlights zu sehen. Dazu zählen das steinerne Viadukt Pont Séjourné, von dem es rechts und links über mehr als 100 Meter in die Tiefe geht, und die 80 Meter hohe Seilbrücke Pont Gisclard, die letzte Eisenbahnhängebrücke Frankreichs. Auch in Bolquère, einem von 22 Haltepunkten, lohnt es, ein Foto zu machen: Der Bahnhof liegt auf 1593 Metern und ist damit der höchstgelegene Bahnhof des Landes. Und allgegenwärtig: das einzigartige Bergpanorama mit seinen Flusstälern und der Hochebene der Cerdagne, eingerahmt von imposanten Gipfelketten der Pyrenäen.

- Petit Train Jaune, Einstieg im Gare de Villefranche-Vernet-les-Bains, 66820 Fuilla
www.tourismus-mittelmeerpyrenaen.de/der-gelbe-zug
(Reservierung: www.ter.sncf.com/occitanie)

Das blaue Band des Südens

56

Den Canal du Midi mit Boot und Rad erleben

Der Canal du Midi – das sind 240 Kilometer pures Schifferglück. Die Ufer des Kanals sind gesäumt mit Schatten spendenden, zumeist Platanen, mit Schilfgras oder mit niedrigen Büschen und blühenden Sträuchern. Oft dringt kein Geräusch an das Ohr des Flusskapitäns außer dem Tuckern des Schiffsmotors und dem Plätschern der Wellen. Ab und zu kommt ihm ein anderes Hausboot entgegen. Freundlich wird die Hand zum wissenden Gruß erhoben. Ja, das Schifferglück kann geteilt werden.

Der Canal Royal, der von Toulouse bis Sète führt, wurde von Pierre-Paul Riquet erdacht, 1667 von Ludwig XIV. in Auftrag gegeben und 1681 eingeweiht. Er ist Teil der schiffbaren Verbindung zwischen Atlantik und Mittelmeer. Rund zwei Drittel waren zuvor bereits über die Garonne und ihren Mündungstrichter Gironde in Castets-en-Dorthe mit dem Schiff befahrbar. Das letzte Drittel der rund 500 Kilometer langen Landstrecke fehlte noch. Insgesamt gibt es 63 Schleusen. Besonders schön: die Schleusentreppe bei Fonséranes in der Nähe von Béziers (Glücksort 40), die einen Höhenunterschied von 13,60 Meter überwindet. Es gibt zudem Schleusen mit zumeist einer, manchmal zwei, drei oder, in Saint Roche, vier Stufen. Außergewöhnlich dürfte auch die Rundschleuse in Agde sein. Hinzu kommen Kanaltunnel und -brücken. Mit seinen insgesamt rund 350 Bauwerken und landschaftlicher Lage an Treidelpfaden (auf denen Pferdegespanne die Schiffe auf dem Kanal zogen), Weinhängen, uraltem Baumbestand und Haltemöglichkeiten in vielen Städten wie Carcassonne, Béziers und Sète gilt der Kanal als eine der schönsten Wasserstraßen Europas. Auf den Treidelpfaden und zum Teil ausgebauten Wegen entlang des „blauen Bands des Südens", wie der seit 1996 als UNESCO-Weltkulturerbe geführte Kanal oft genannt wird, lässt sich zudem hervorragend Rad fahren. Wer sein Glück auf dem Drahtesel findet, kann sich die Strecke in sechs Etappen einteilen. Dann werden aus 240 Kilometern Kanalradweg Teilstücke zwischen 40 und 60 Kilometern.

TIPP

Boot festmachen und aufs Rad umsteigen! In Carcassonne etwa stehen an der Schleuse Leihräder.

● Canal du Midi,
Tour über den Kanal von Agde nach Béziers (zum Beispiel von Sète aus)
www.de.tourisme-sete.com

Genuss mit Ausblick

57

Wein probieren in der Domaine de Cantalauze

Thomas Sananes' Lieblingsplatz auf seinem Weinberg liegt am Rand des Grundstücks. Hier fällt der Hang steil ab und gibt den Blick frei auf den Canal du Midi, der sich unten wie ein schmales blaues Band durch die grüne Landschaft des Départements Aude schlängelt. In der Ferne ist Carcassonne zu erkennen. Wer hier einen Schluck des Weiß- oder Rotweins der Domaine de Cantalauze genießt, schmeckt die herzhafte Luft des Tannenhains – vielleicht sogar auch ein kleines bisschen die salzige Brise, die vom Mittelmeer hinüberweht.

2015 hat Thomas den Weinberg mit den 30 Jahre alten Rebstöcken samt Kelterei gekauft. Es ist bereits sein dritter Berufsweg, davor hat er Motorräder verkauft und besaß einen Spielzeugladen. Seine Eltern leben im benachbarten Trèbes und als der Weinberg mitsamt mehreren hochwertigen Ferienwohnungen zu verkaufen war, stieg Thomas ein. Ein Jahr lang besuchte er in Carcassonne eine Schule für angehende Winzer.

100 Hektar bewirtschaftet Thomas. Den Großteil der roten und weißen Trauben gibt er an eine Kooperative ab. Den Rest verwendet er für seinen eigenen Wein und erntet die Früchte per Hand. „Das macht einen Riesenunterschied", sagt Thomas. Nicht nur in Bezug auf die Farbe, schließlich kommen so weniger Nebenprodukte in den Wein, sondern auch für die Qualität ist das vorteilhaft. Er pflückt nur die besten Trauben. Außerdem wirke es sich auf den Geschmack des Weines aus, an welchem Tag und zu welcher Stunde sie geerntet werden sowie für welche Art der Weiterverarbeitung sich Thomas entscheidet.

Als Erstes dürfen Freunde und Familie den neuen Wein probieren. „Natürlich sind das keine Experten, aber wir verkaufen ja auch Wein an ganz normale Leute", erklärt Thomas. Ist der vergorene Traubensaft gekeltert und in Flaschen gefüllt, öffnet der Winzer seine Probierstube. Dann können alle Weinliebhaber kommen und sich durch sein Sortiment verkosten. Vielleicht sogar mit Blick auf den Canal du Midi.

TIPP

Von Carcassonne sind es rund 8 Kilometer mit dem Rad bis Trèbes. Eine Leihstation am Bahnhof.

- Domaine de Cantalauze, 11800 Trèbes, www.cantalauze.com
- ÖPNV: 1-Euro-Bus 10 ab Carcassonne, Haltestelle Trèbes L'Aiguille, ca. 35 Minuten zu Fuß

Ein Hauch von Rom

58

Der Tempelbau Maison Carrée in Nîmes

Er nimmt sich schon ein bisschen fremdartig aus. Da thront er ganz rechteckig mit weißen Säulen und ohne Fenster auf einem fast 3 Meter hohen Podest und überragt die Dachfirsten der meisten Häuser, die rund um den Platz stehen. Auch dieser scheint mit seinem Marmorbelag so gar nicht in das Stadtbild von Nîmes mit seinen engen, mediterranen Gassen passen zu wollen. Die Tür des Tempels ist übergroß, die Stufen, die zum Portikus hinaufführen, scheinen die falsche Höhe zu haben. Doch wer sich einmal auf die Mauer des Tempelbaus gesetzt hat und den Blick hat schweifen lassen, kann sich der besonderen Atmosphäre nicht entziehen: Es ist beeindruckend, wie das Licht auf die Säulen, die korinthischen Kapitelle, die Kassettendecke und den Fries mit feinen Reliefs, die Rosetten und Akanthusblätter fällt und ein wunderschönes Spiel aus Licht und Schatten auf die alten Mauern zaubert.

TIPP

Von der Dachterrasse des Carré d'Art mit dem Kunstmuseum den Blick auf den Tempel genießen.

Die Maison Carrée gilt als einer der am besten erhaltenen Tempel auf dem Gebiet des Römischen Reiches. Er wurde zu Beginn des 1. Jahrhunderts nach Christus errichtet und war den Söhnen des Agrippa, Gaius und Lucius, gewidmet, die Augustus adoptiert hatte und beide jung verstarben. Das Innere des Tempels war nur für Kultzwecke gedacht. Zeremonien dürften draußen vor dem Gebäude stattgefunden haben.

Der Tempel ist wohlproportioniert – und genau doppelt so lang wie breit. Den amerikanischen Präsidenten Thomas Jefferson soll das derart beeindruckt haben, dass er ihn als Vorbild für das Capitol in Richmond, Virginia, verwendete. Das Gebäude musste über die Jahrhunderte einiges erdulden. Es war Kirche, Versammlungsraum, Stall und Lagerort. Noch im 19. Jahrhundert war es Teil eines größeren Komplexes von angrenzenden Gebäuden. Diese wurden abgerissen, als die Maison Carrée zum Museum umgewandelt wurde. Eine Ausstellung erzählt von dieser wechselvollen Geschichte.

Heute ist der Tempel belebter Treffpunkt vieler junger Nîmoise, die auf dem Rand des Podests sitzen, reden, trinken und dem Treiben rund um dem Platz zuschauen.

- Maison Carrée, Place de la Maison Carrée, 30000 Nîmes
www.arenes-nimes.com
- ÖPNV: Tango Bus 2, Haltestelle Jaurès

Fest der Farben

59 Collioure aus Sicht der Fauvisten

Die Treppenstufen aus Marmor zur Rue de Mirador haben garantiert schon so einige Hinterteile beheimatet. Sie eignen sich hervorragend für eine kleine Pause und für ein Auf-sich-wirken-Lassen. Die Farben: orange und gelbe Häuserfassaden, wallendes Grün der südfranzösischen Stadtvegetation, dazwischen wie Farbtupfer blaue Balkone und Türen, Kopfsteinpflaster in allen Erdschattierungen, und über allem spannt sich der azurblaue Himmel.

Es ist kein Wunder, dass Collioure seit Jahrzehnten ein Magnet für Künstler aller Stilrichtungen ist. Nicht nur heute reiht sich ein Atelier ans nächste, finden neue Künstler in den engen Gassen der alten Stadt eine Heimat. Alles begann mit Henri Matisse. Er kam zu Beginn des 20. Jahrhunderts in das verschlafene Fischerdorf an der felsigen Côte Vermeille. Das irisierende Licht, die vielen Farben, die zahlreichen Motive schienen den Maler zu inspirieren. Er lud Kollegen ein, sich ihm anzuschließen – so entstand die heute als Fauvismus bekannte Strömung. Landschaften, Stillleben und Porträts waren die wichtigsten Themen der Fauvisten, die nur rund 3 Jahre lang in wechselnder Beteiligung in Collioure lebten und malten. Neben dem Begründer der Stilrichtung, Henri Matisse, gehören auch André Derain, Maurice de Vlaminck, Charles Camoin, Albert Marquet und Henri Manguin zu den „Wilden" *(fauve)*. Ihre Bilder begeistern vor allem durch intensive Farben, eher grobe Pinselstriche und eine oftmals stark vereinfachte Darstellung.

TIPP

„Spaziergang 3" (balade 3) der Tourismuszentrale führt in 1 Stunde zu Stationen des Fauvismus.

Besonders beliebt bei den Malern waren die Wehrkirche Notre-Dame-des-Anges, die von 1684 bis 1691 von Vauban errichtet wurde, die Îlot Saint-Vincent, eine winzige Felseninsel mit Kapelle – noch heute ein wahrer Wallfahrtsort –, und das Château Royal, von 1276 bis 1344 Sitz der Könige von Mallorca.

Heute lädt die Stadtverwaltung Besucher ein, auf dem Weg der Fauvisten (Chemin du Fauvisme) anhand von 19 Stationen beziehungsweise Motiven die wohl kurzlebigste Kunstrichtung der Geschichte vor Ort nachzuvollziehen.

- La Maison du Fauvisme, 10 Rue de la Prud'homie, 66190 Collioure
  www.collioure.com
- ÖPNV: Zug P13 ab Perpignan, Haltestelle Gare de Collioure

ATELIER DU MIRADOU
OUVERT-OPEN
CIRILLO

Dem Auge verborgen

60

Das Höhlenkloster Saint-Roman nahe Beaucaire

In den bewaldeten Hügeln des Rhônetals versteckt sich ein einmaliges Kloster. Es ist im wahrsten Sinne des Wortes einmalig – denn Bauwerke wie dieses sind eher aus Indien oder der Türkei bekannt. Das Höhlenkloster Abtei Saint-Roman befindet sich im Inneren eines Berges und seine sakralen Räume wurden dem Kalksandstein abgerungen.
Schon bevor sich die ersten Eremiten Ende des 5. Jahrhunderts hier niederließen, lebten Jäger und Sammler in den natürlichen Höhlen des Pic de l'Aiguille. Ein paar Jahrhunderte später war die Gemeinschaft derart gewachsen, dass die nun dem Benediktinerorden angehörenden Mönche das natürliche Höhlensystem stetig weiter ausbauten, um so Orte zu schaffen, in denen sie ihren Glauben feiern konnten. Sie schufen Eingangsportale und Treppenstufen, Pfeiler und Bögen, Krypta und Kapellen. Sogar den Sitz des Abtes meißelten sie in den weißen Kalksandstein. Neben der natürlichen Belichtung durch Öffnungen im Fels – ähnlich einem Oberlicht – sorgten Öllampen in Nischen für Beleuchtung. Die vielen natürlichen Lichtquellen, die von den hellen Wänden reflektiert werden, geben dem Raum eine warme, feierliche Atmosphäre. Mit etwas Fantasie lässt sich erahnen, dass sakrale Gemälde und sonstige schmückende Elemente diese Kirche zu einem besonderen Ort machten.

TIPP

Der Parkplatz liegt fußläufig gut 15 Minuten unterhalb des Pic de l'Aiguille und ist bewacht.

Erst nach und nach legen Archäologen immer neue Details des Klosters frei. 1988 kaufte die Stadt Beaucaire die Anlage auf der Anhöhe. Bis dahin war im Laufe der Jahrhunderte über dem Höhlenkloster eine Festungsanlage entstanden, später (im 14. Jahrhundert) eine Klosterschule. Die Mönche zogen 1538 nach Aigues-Mortes, das Kloster wurde verkauft. Der neue Besitzer ließ eine Burg errichten. Diese überdauerte einige Besitzwechsel, fiel dann aber dem Mangel an Baumaterial zum Opfer. Einer der letzten Burgherren verkaufte die Steine, sodass nur noch wenig von der oberirdischen Anlage zu sehen ist. Doch das einzigartige sakrale Bauwerk beeindruckt auch heute noch mit seiner sanften Schlichtheit.

- Abbaye de Saint-Roman, Chemin de l'Abbaye de Saint-Roman, 30300 Beaucaire
www.abbaye-saint-roman.com
- ÖPNV: Bus 125 ab Nîmes, Bus 150 ab Beaucaire, Haltestelle Comps Village, ca. 25 Minuten zu Fuß

Wilde Naturdusche

61

Baden in der Vis und ihren Kaskaden

Die Natur hat ein Hufeisen in die Felsen geformt. Über 10 Meter stürzt das Wasser hinab in die darunterliegende Ebene, wo es sich in einem natürlichen Becken sammelt und eine Art natürlichen Whirlpool bildet. Die Wasserfälle der Vis (La Cascade de la Vis) liegen an der Route de Ganges (D25) und sind ein beliebter Badeort für Einheimische und Besucher. Einziges Problem: Der nächste Parkplatz liegt rund 500 Meter weiter in Richtung der Ortsmitte von Saint-Laurent-le-Minier. Von hier müssen Badewillige mit Sack und Pack zum Felsenufer der Vis zurückgehen. Ein kleines Trostpflaster stellt dabei der Gang über die schmale Bogenbrücke mit den passenden Ausbuchtungen für Hobbyfotografen dar.

Unten am Ufer bilden unterschiedlich hohe Platten natürliche Stufen ins Flussbett hinein. Zudem ist das rechte Ufer an vielen Stellen so eben, dass sich problemlos ein Stuhl unter die sich hier festkrallenden Büsche und Bäume stellen lässt. Am linken Ufer ist ein natürlicher Strand aus kleinen Kieseln entstanden. Hier breiten sich gerne Familien aus. An der Kreuzung zur Hauptstraße steht das Restaurant Le Glacier de la Vis, zu dem auch ein Parkplatz gegenüber gehört.

Wenn die Vis in Saint-Laurent-le-Minier ankommt, hat sie schon den Hauptteil ihrer Reise hinter sich. Sie entspringt in der Nähe des Col de l'Homme Mort im Cevennen-Nationalpark und mäandert über 58 Kilometer hinweg dem Fluss Hérault entgegen. Er bildet zugleich die Grenze der Départements Gard und Hérault. In Ganges verbindet sich die Vis dann mit dem größeren Strom. Berühmt ist die Vis aber nicht nur für ihren Wasserfall, sondern auch für den Cirque de Navacelles. Über Jahrtausende hinweg hat sie einen Talkessel geschaffen, der 2011 die Auszeichnung der UNESCO als Kulturerbe der Menschheit erhalten hat. In dem 400 Meter tiefen Kessel liegt der winzige Ort mit seiner natürlichen Dreieckspyramide in der Mitte. Ein eindrucksvolles Zeugnis der Kraft des Wassers.

TIPP

Im Hérault und den Flüssen des Languedoc lässt sich gut baden, es gibt viele versteckte Badestellen.

- La Cascade de la Vis, CD 110, 30440 Saint-Laurent-le-Minier
  www.tourismecevennesnavacelles.com
- ÖPNV: Bus 608 ab Montpellier, Haltestelle Laroque Vign, ca. 70 Minuten zu Fuß

Richtig süße Sachen

62

Jean-Marie Boudets leckere Berlingots

Die dicke Schlange drückt sich durch die Walzen. Sie ist rot und orange und wird zusehends dünner. Am Ende der konisch zulaufenden Walzen ist sie noch ungefähr fingerdick. Klack, klack, klack macht die Stanze und trennt alle 2 Zentimeter einen Teil der gestreiften Schlange ab. Am Ende des Fließbands fallen die Stücke in einen Behälter. Später kommen sie in eine Trommel, um zusammenklebende Stücke zu trennen und scharfe Kanten abzuglätten. Eines von vielen Berlingots ist geboren.

In der Confiserie Boudet am Rande von Pézenas werden die Bonbons seit 1968 hergestellt. Im Gegensatz zu den zumeist tetraedrisch geformten Bonbons, deren Namensgeber die auf einem Tisch gestreckte und geschnittene Zuckerstange ist (italienisch Slangbegriff *berlinga* = Tisch), sind die Berlingots de Pézenas quadratisch. Es gibt sie fast überall in Frankreich zu kaufen. Das Rezept ist in Abwandlungen immer dasselbe: Wasser, Zucker und Glukosesirup werden in einem Kessel bei 105 Grad über offenem Feuer gekocht. Hat sich alles miteinander verbunden, kippt Jean-Marie Boudet die Masse auf einen großen Stahltisch. Je nach gewünschter Geschmacksrichtung und Farbe gibt er ein Konzentrat hinzu. Dann beginnt er, die Zuckermasse zu falten. Erst mit einem großen Spatel, bald mit den Händen. „Der Tisch hat immer eine Temperatur von 40 Grad", erläutert Jean-Marie, während er den nun 60 bis 80 Grad heißen Klumpen faltet und knetet. Kälter darf er nicht werden, damit die Zuckerziehmaschine die Masse noch zu einem einheitlichen Klumpen verarbeiten kann. Dieser kommt schließlich in die Maschine, die daraus eine Schlange formt.

Acht verschiedene Sorten stellt Berlingots de Pézenas her. Wer bei der Produktion zusehen will, kann in der Saison jeden Tag in der Woche von 9 bis 11:30 Uhr an einer rund 30-minütigen Führung teilnehmen. Jean-Marie spricht auch Englisch. Wer sich nur für das Endprodukt interessiert, kann einfach eine Packung der leckeren Zuckerstücke im Shop kaufen. Hier gibt es auch Nougat und Karamell.

TIPP

Die Fabrik liegt etwas abseits der Straße. Am besten dem Hinweisschild von der A75 aus folgen.

- Les Berlingots de Pézenas, Chemin de Saint-Christol, 34120 Pézenas
www.berlingotsdepezenas.com
- ÖPNV: Bus 656 ab Béziers, Bus 603 ab Pézenas, Haltestelle Pézenas Place Bonnet

Fischerromantik pur

63

Hafenleben in Le Grau-du-Roi

Die Möwen verlangen schreiend ihren Wegezoll. Wie Kamikazepiloten umfliegen sie die einlaufenden Fischkutter. Einige stürzen sich hinab in die Heckwelle, in der Hoffnung, der Propeller würde etwas Essbares vom Grund heraufbefördern. Andere behalten über dem Führerhaus segelnd die Matrosen im Auge. Wohlmöglich werfen sie ja Abfälle über Bord. Hinter Menschen und Möwen zeichnet sich der Leuchtturm markant gegen den sich bereits rötlich verfärbenden Himmel ab. Die Kais säumen ein paar eher wie Schuppen anmutende Häuser. Das Abendlicht taucht sie in ein erstes Orange und verleiht ihnen so einen freundlichen Anstrich. Davor bewegen sich die Wedel der Palmen im Wind, es sieht aus, als würden sie den Heimgekehrten winken.

Auf der Brücke Pont Tournant oder auf dem Quai Colbert lässt sich das Schauspiel, das sich täglich wiederholt, am besten bestaunen. Und Fischerboote gibt es viele in dem Ort, dessen Geschichte bis ins 16. Jahrhundert zurückgeht. Le Grau-du-Roi ist die südlichste Gemeinde im Département Gard. Der Stichkanal geht bis Aigues-Mortes hinauf, zweigt aber zweimal ab, um Schiffen die Zufahrt zur Vidoule und einem ihrer Becken sowie zum davor gelegenen Hafenbecken zu gewähren.

Auf der rechten Seite des Stichkanals (*rive droite*) gerät der Trubel, der um den mittlerweile sehr beliebten Badeort herum herrscht, fast in Vergessenheit. Schmale Gassen, die Église Saint-Pierre mit ihrem bogenförmigen Glockenturm und nicht zuletzt der 18 Meter hohe Leuchtturm aus dem Jahr 1828 erinnern an das ehemals verschlafene Fischerdorf. Auf der linken Seite (*rive gauche*) stehen die Hotels, Apartmentanlagen und Parkplätze. Zudem hat sich die Gemeinde hier mit dem Yachthafen Port-Camargue mit seinen 4600 Anlegeplätzen einen der größten Yachthäfen Europas bauen lassen. Noch haben die Hobbykapitäne die Fischer nicht verdrängt – schließlich zählt Le Grau-du-Roi weiterhin zu den bedeutendsten Fischereihäfen Südfrankreichs. So können Besucher hoffentlich auch in Zukunft die Fischerromantik bewundern.

TIPP

Besuch in La Grand-Motte: Die geplante Feriensiedlung galt in den 1960er-Jahren als hochmodern.

- Quai Colbert, 30240 Le Grau-du-Roi, www.letsgrau.com
- ÖPNV: Bus 606 ab Montpellier, Haltestelle Le Grau-du-Roi Cimetière; Zug P8 ab Nîmes, Haltestelle Gare du Grau-du-Roi

Fabelwesen im Naturparadies

64 Wandern in der Karstlandschaft Cirque de Mourèze

Sphinx, Cerberus, Wärter, Bären und Hirten stehen in einem sandigen Tal einen Steinwurf vom Lac du Salagou entfernt. „Da ist ein Gnom mit einer riesigen Nase", meint das kleine Mädchen in Shorts, T-Shirt und Wanderschuhen. Tatsächlich wirkt es, als habe der bizarr geformte Felsen ein griesgrämiges Gesicht und eine Knollennase. In dem sandigen Talkessel harren um die 70 verschiedene Figuren aus Karstgestein. Geschaffen in Jahrmillionen von Zeit und Wetter. Der Cirque de Mourèze ist ein Paradies für Wanderer und ein Must-see für Naturfreunde. Einen besonders schönen Überblick über das Tal und das Dorf Mourèze erhält, wer einen schmalen Pfad entlangkraxelt, eine Brücke zwischen zwei Felsnadeln überquert und dann von einer eingezäunten Plattform blickt. Die 340 Hektar große Naturstätte lässt sich wunderbar durchwandern. Es gibt Wege in unterschiedlichen Längen, die farblich markiert sind. Sie reichen zum Teil bis auf den Montagne de Liausson hinauf (ca. 550 Höhenmeter) und führen durch den benachbarten Parc des Courtinals. Informationen dazu gibt es in der kleinen Tourismusinformation auf dem Parkplatz Parking Mourèze. Hier liegen auch Flyer über die botanischen und archäologischen Besonderheiten des Gebiets in mehreren Sprachen aus.

TIPP

Nach dem Ausflug in einem der kleinen Cafés unter einer weinbewachsenen Pergola entspannen.

Jeder, der hier wandern möchte, sollte sich feste Schuhe anziehen und ausreichend Wasser mitnehmen. Die sandige, mit niedrigem Heidekraut und Kiefern durchzogene Ebene wechselt sich mit schmalen Felsdurchgängen und abschüssigem Gelände ab. Im Sommer wird der Talkessel glutheiß, deshalb lieber morgens starten. Als Einstieg in den Cirque de Mourèze eignet sich der ausgeschilderte Zugang am Ortsrand. Es gibt aber auch einen Startpunkt (gelber Wanderweg, 7,5 Kilometer) und einen ausgewiesenen Aussichtspunkt im Parc des Courtinals. Der Cirque de Mourèze liegt etwas abseits der Straße zwischen Clermont-l'Hérault und Bédarieux. Er lässt sich hervorragend mit einem Besuch des Lac du Salagou verbinden.

● Cirque de Mourèze, Route de la Dolomie, 34800 Mourèze

Im Mekka der Kubisten

65

Céret und das Musée d'Art Moderne

Kunst an jeder Ecke. Ob am Rande des Boulevards mit seinen hohen Platanen und spanisch-katalanischem Flair oder in den Seitenstraßen und Gassen, in denen noch die alten Bächlein in ihren künstlichen Betten dahinfließen (und im Sommer für Kühlung sorgen): Überall schmücken Wandgemälde und Skulpturen die Stadt am Fuß des Alberès-Massivs. Langsam und heimlich hat sich Céret zu einem Hotspot für Kunstkenner und -liebhaberinnen gemausert. Wer durch die Stadt streift, entdeckt hier Felip Vilà, der von einer Hauswand herablächelt, dort eine mit bemalten Fliesen geschmückte Wandvertiefung und den wunderschönen Picasso-Brunnen am gleichnamigen Platz. An ihm ist Picassos Zeichnung der Sardane verewigt, einem katalanischen Volkstanz, der hier erfunden wurde.

TIPP

Die älteste Bogenbrücke der Welt, Le Pont de Diable, führt in die Stadt.

Picasso ist allgegenwärtig und wohl auch ein bisschen schuld an der heutigen Stellung Cérets als südfranzösische Hauptstadt der Kubisten: Auf ihrer Reise Richtung Banyuls-sur-Mer mussten der katalanische Bildhauer Manolo Martínez Hugué, der Maler Frank Burty Haviland (späterer Gründer des Museums) und der Komponist Déodat de Séverac Anfang des 20. Jahrhunderts wetterbedingt in Céret stoppen. Sie schrieben begeisterte Briefe an ihre Freunde, berichteten vom milden Klima und der Schönheit des Ortes. So reiste Pablo Picasso 1911 das erste Mal nach Céret. Er kam noch zweimal wieder, experimentierte mit Malerkollegen wie Juan Gris und Auguste Herbin – und machte das Bergstädtchen zum Mekka des Kubismus. Einiges ist im Musée d'Art Moderne (MAM) zu sehen. Das kürzlich erweiterte und renovierte Kunstmuseum besitzt mehr als 50 Werke von Picasso. Zu den Künstlern, deren Kunstwerke hier ausgestellt sind, gehören zudem Chagall, Miró, Matisse, Soutine sowie die bereits genannten Gris und Herbin. Aber auch moderne und zeitgenössische Künstler wie Viallat, Tàpies und Bioulès haben hier Platz.

Der Bummel über den breiten Boulevard mit seinen stattlichen Bürgerhäusern lässt sich als Auftakt oder Ausklang eines Kunstgenusses im MAM einrichten.

- Musée d'Art Moderne de Céret, 8 Boulevard Maréchal Joffre, 66400 Céret www.musee-ceret.com, www.vallespir-tourisme.fr
- ÖPNV: Bus 530 ab Perpignan, Haltestelle Céret Rp des Croix Guerre

GALERIE dART

Traditioneller Hafengenuss

66

Tielle genießen unterhalb des Sète-Leuchtturms

Es gibt wohl kaum einen besseren Ort in Sète, um diesen Leckerbissen zu essen, als die Hafenmole. Der Leuchtturm Saint-Louis am Eingang zum Hafen Vieux Port besteht aus hellem Sandstein aus dem nahen Frontignan und hat eine Gesamthöhe von 35,80 Meter über dem Meeresspiegel. Er steht hier, im Département Hérault, seit 1948. Hinter Leuchtturm und Mole beginnt das Mittelmeer. Der Leckerbissen, das ist die Tielle, ein Teigtörtchen, traditionell pikant gefüllt mit Tintenfisch und Tomatensoße. Erfunden worden sein soll das Törtchen von der Frau eines im 19. Jahrhundert eingewanderten Fischers aus Napoli. Sie soll Pizzateig auf einem flachen Teller ausgebreitet, belegt und anschließend mit einer weiteren Teigschicht abgedeckt haben. Mittlerweile gibt es zahlreiche Restaurants und Backstuben, die die Teigtaschen – auch in anderen Geschmacksrichtungen – anbieten. Praktischerweise lassen sie sich auch kalt genießen.

Mit dem Leuchtturm im Rücken fällt der Blick automatisch auf eines der architektonischen Highlights der Stadt: das Théâtre de la Mer. Es steht am südwestlichen Ende der Stadt auf einer Anhöhe und wurde im 17. Jahrhundert als Fort Saint-Pierre erbaut, das den Hafen vor Angriffen der Engländer schützen sollte. Im Ersten Weltkrieg wurde die Festung zum Krankenhaus umfunktioniert, um die aus Afrika zurückkehrenden Truppen aufzunehmen. Daher ist der rechtliche Eigentümer bis heute das Krankenhaus von Sète. 1959 wurde die Anlage zu einem Theater umgebaut.

In Sète dominieren die Fischerei und die maritime Wirtschaft. Das lässt sich nicht übersehen. Der Hafen wurde 1666 auf Anordnung des Königs Ludwig XIV. gebaut, da Agde und Aigues-Mortes langsam versandeten. Durch den Canal du Royal verband er das Meer mit dem Bassin de Thau und den wichtigen Kanälen. Noch heute herrscht hier reges Treiben und es gibt allerlei Veranstaltungen – wie das Fischerstechen, eine Art Lanzenturnier auf dem Wasser. So ist es wohl kein Wunder, dass die bekannteste Speise der Stadt Meeresfrüchte enthält.

TIPP

Eine weitere Spezialität aus Sète ist das Gebäck Zézette de Sète mit Anisgeschmack.

- Phare Saint-Louis, Le Môle Saint-Louis, 34200 Sète
  www.de.tourisme-sete.com
- ÖPNV: Zug K8 ab Montpellier, Haltestelle Gare de Sète, ca. 35 Minuten zu Fuß

Enge Gassen, buntes Leben

67

In der Innenstadt von Montpellier

Die Treppenstufen von der Rue de l'Ancient Courrier hinauf in die Rue du Bras-de-Fer sind bunt. Jede hat eine andere Farbe – von Türkis über Gelb und Orange bis zu Dunkelblau. Die Gasse ist schmal, bei den Kaffeehäusern und Restaurants reicht es gerade für einen runden Bistrotisch und zwei oder drei Stühle.

Montpellier ist trubelig. Die vielen Cafés und Restaurants sind stets gut besucht. Montpellier ist bunt. In vielen Gassen findet sich Street-Art – entweder in Form von Gemälden oder als Installation. Montpellier ist relativ jung. Im Gegensatz zu vielen anderen Städten Okzitaniens gehen ihre Wurzeln nicht auf eine römische Kolonie zurück, sondern reichen nur bis ins 9. Jahrhundert, als der Bischof von Maguelone eine Kirche auf dem Berg Montiperet errichten ließ. Und Montpellier ist die bevölkerungsreichste Stadt der Region Languedoc-Roussillon. Trotzdem lässt sich das Zentrum mit seinen zahlreichen Sehenswürdigkeiten vom Parc Peyrou, eine der schönsten Promenaden Frankreichs, über den Arc de Triomphe und den mit Bürgerhäusern gesäumten Parc de la Canourgue bis zur Esplanade de Charles de Gaulle in 15 Minuten durchqueren. Montpellier ist heute die Hauptstadt des Départements Hérault und eine beliebte Universitätsstadt – mehr als 60.000 Studierende sind in den verschiedenen Fakultäten eingeschrieben.

TIPP

Im Musée Fabre ist eine der wohl bedeutendsten Kunstsammlungen der französischen Provinz zu sehen.

Im Gegensatz zu den charmanten Gassen des Zentrums ist der Place de la Comédie – im Volksmund aufgrund seiner Form „das Ei" genannt – eine große offene Fläche, die von Häusern mit Belle-Époque-Fassaden gesäumt ist. Blickfang sind zudem die 1888 gebaute Oper und der neoklassizistische Brunnen aus weißem Marmor. Wen es durch die Straßen treibt, der entdeckt bestimmt nicht nur halbe, in die Wand eingelassene Fahrräder (in der Rue Voltaire), sondern auch ein Wandgemälde ähnlich denen in Béziers am Place Saint-Roch, bemalte Betonpoller in der Rue Saint-Paul oder sogar bemalte Bäume (bei der Eichhorn-Statue). Egal, in welche Gasse es einen verschlägt: Montpellier lohnt sich.

- Innenstadt Montpellier, Rue du Bras-de-Fer, 34000 Montpellier
www.montpellier-france.com
- ÖPNV: Zug K8 ab Narbonne, Haltestelle Gare de Montpellier-Saint-Roch

BLEND

Zwischen den Meeren

68 Gruissan liegt eingekuschelt zwischen Étangs

Es ist nicht auf den ersten Blick zu erkennen, aber Gruissan ist eine Schnecke. Charmant gelegen zwischen dem Étang de Gruissant und dem Étang du Grazel wurde im 10. Jahrhundert auf einem Felsen eine Burg gebaut und 2 Jahrhunderte später vom Erzbischof von Narbonne erweitert. Sie sollte den Hafen von Narbonne sichern, der am oberen Ende der Binnenseelandschaft am Ende des Höhenzugs Montagne de la Clape liegt. Die Häuser scharen sich ringweise und scheinbar schützend um den kleinen Felsen. Die Burg ist heute nicht mehr da, nur der Tour Barberousse steht noch.

Ein paar Meter von der ehemaligen Festung entfernt stehen die Salzgärten der Salins de l'Île Saint-Martin. Von der gleichnamigen Insel Île Saint-Martin mit ihrem Wandergebiet Les Goules ist die Rundform des alten Fischerortes besonders gut zu erkennen. Ist das alte Gruissan rund wie ein Schneckenhaus, so ist Gruissan-Plage das genaue Gegenteil. Wie auf einem überdimensionierten Schachbrett stehen hier auf mehr als 1 Kilometer Länge 1300 Stelzenhäuser. Diese einmalige Anordnung verdankt der Küstenabschnitt einer Sturmflut im Jahr 1899, als die wenig stabilen Ferienhäuser der Narbonnaise vom Meer hinweggespült wurden.

Wer in den historischen Stadtkern oder den Strandabschnitt möchte, muss die Mini Pont Du Grazel überqueren. Links davon erstreckt sich der neueste Ortsteil: Gruissan-Port. Er wurde in den 1970er-Jahren errichtet und besteht, ähnlich wie die ineinander mündenden Binnenseen, aus mehreren aneinandergereihten Hafenbecken, die letztlich in den Étang de Grazel münden. Der Binnensee hat den Luxus eines eigenen Strandes. Vorgelagert befindet sich eine kleine Insel. Ideal für Familien – schließlich ist das Wasser flach und warm. Auf Stelzen stehen auch die Flamingos, von denen es in den Binnenseen ganze Großfamilien gibt. Diese lassen sich besonders gut auf dem rund 6 Kilometer langen Weg um den Étang de Gruissan herum beobachten. Der Tour Barberousse ist dabei stets in Sichtweite.

TIPP

Hinwandern und wundern: Bei Saint-Pierre-la-Mer liegt der See Gouffre de l'Œil Doux in 64 Metern Tiefe.

11430 Gruissan
www.gruissan-mediterranee.com/de
ÖPNV: Bus 8 ab Narbonne, Haltestelle Gruissan Clos du Village

Der Geschmack der Garrique

69

Artisan-Gin von La Thériaque Spiritueux

Vor 8 Jahren hatte Sunshine die Idee, einen Gin herzustellen, der den Geschmack der Garrique trägt, jener flachen Strauchheidelandschaft – mit Sträuchern, Kräuterpflanzen und einzelnen niedrig wachsenden Bäumen auf steinigem Boden –, die so viele Orte in Okzitanien umgibt. Davor hatte sich die gebürtige Amerikanerin mit Wein beschäftigt. Als Weinexporteurin traf sie in Frankreich Lana – und die beiden Amerikanerinnen beschlossen, auszusteigen und ins Gin-Geschäft einzusteigen.

„Es fing mehr als Hobby an", erzählt Lana Labermeier. „Wir hatten eine Mikro-Destillerie und haben angefangen, etwas herumzuexperimentieren." Sie gingen mit einem Freund in die nahen Cevennen, um hier frische heimische Kräuter zu sammeln. Es dauerte 2 Jahre, bis sie mit dem Mischungsverhältnis ihrer Geschmacksträger zufrieden waren. Kein Wunder, denn der Cuvée Garrigue enthält elf unterschiedliche Pflanzen und Kräuter, darunter Thymian, Rosmarin und Lavendel, aber auch Bohnenkraut, Feige und Fenchel – und natürlich Wacholderbeeren, schließlich ist das die Basis für Gin. Er schmeckt süßlich und nach französischem Sommer. „Unser Cuvée Garrigue ist wie ein guter Whiskey – und sollte auch so getrunken werden", erläutert Lana.

TIPP

La Thériaque Spiritueux stellt auch Wermut her. Die Destillerie kann auf Anfrage besucht werden.

Eine etwas andere Geschmacksrichtung hat der zweite Gin von La Thériaque Spiritueux. Im Cuvée Pic-Pic haben Lana und Sunshine unter anderem Früchte des Erdbeerbaums und Akazienblüten destilliert. „Dieser Gin hat ein traditionelles Profil", meint die Produzentin. „Er eignet sich wunderbar als Zugabe in Cocktails." Als Grundalkohol ihres Gins verwenden Lana und Sunshine Wein. „Das ermöglicht es uns, mit einem Bein in der Welt des Weins zu stehen und unsere Beziehungen zu den Winzern zu pflegen, mit denen wir uns verwandt fühlen", sagen sie. Ein eigenes Ladengeschäft haben Lana und Sunshine nicht, doch bestücken einige ausgewählte Spirituosenläden wie Whisky, Rhum & Co in der 17 Rue du Palais des Guilhem, den Cave des Halles Laissac oder auch die Tourismusinformation am Place de la Comédie.

● Les Bouilleuses du Cru, 1 Rue du Plan du Parc, 34000 Montpellier (nur Destillerie), Tel. +33 (0) 6 52 01 32 74 (Lana), www.latheriaque.com

CUVÉE
Pic·Pic
ARTISANAL
LA THÉRIAQUE SPIRITUEUX
CUVÉE
Garrigue
ARTISANAL
DISTILLÉ ET FABRIQUÉ EN FRANCE

Unikum mit Weitblick

70

Auf der Stadtmauer von Aigues-Mortes

Der Klotz ist keine Augenweide, aber er hat einen einmaligen Vorteil: Wer hier steht, kann Frankreich verteidigen. Heute vielleicht nicht mehr, aber als König Ludwig XIV. im 17. Jahrhundert anfing, Aigues-Mortes auszubauen, hatte er natürlich Kriegerisches im Sinn. Das Land, auf dem die heutige Festungsanlage kolossal, karg und abweisend sitzt, ist sumpfig und wenig attraktiv wie damals. Da aber Ludwig XIV. endlich einen Hafen besitzen und nicht immer die Nachbarn um Ausschiffung bitten wollte, kaufte er das wertlose Land im Mündungsgebiet der Petit Rhône und baute es zur Ausgangsbasis für seine Kreuzzüge aus.
Der Tour de Constance – als Wohn- und Leuchtturm konzipiert – wurde zuerst gebaut. Hinter den 6 Meter dicken Mauern saßen später Templer, Hugenotten und andere Staats- und Kirchenfeinde ein. Die Berühmteste war wohl die Protestantin Marie Durand, die hier 38 Jahre lang lebte. Ihr war der Ausblick wohl auch kein Trost. Der Hafen verhalf der Region zu Reichtum, der Seehandel florierte. Ludwigs Sohn Philipp III. und dessen Sohn Philipp der Schöne bauten schließlich die wehrhafte Mauer um den Ort. 11 Meter hoch mit Kantenlängen von etwa 500 beziehungsweise 300 Metern bildet sie heute eines der besterhaltenen spätmittelalterlichen Bollwerke Europas. Von dem Hafen ist nichts mehr übrig – er versandete. Heute führt der Canal du Rhône à Sète westlich an der Stadtmauer vorbei. In nördlicher und östlicher Richtung erstreckt sich die grün-karge Landschaft der Camargue mit ihren Seen und Feldern. Dem Mittelmeer im Süden vorgelagert stechen lilafarbene Quadrate aus der Landschaft: die Salinen, für die Aigues-Mortes heute bekannt ist. Daher lohnt es sich, die fast 1700 Meter lange Stadtmauer entlangzuwandern.
Auch ein Blick in die Stadt ist faszinierend: Dach quetscht sich an Dach und Mauer an Mauer, unterbrochen nur von schmalen Gassen. Wer einen Eindruck von der Gewaltigkeit der Anlage erspüren möchte, der sollte sich durch die winzige quadratische Stadt treiben lassen.

TIPP

Der Tour Carbonnière sollte den landseitigen Zugang schützen. Er hat eine tolle Aussichtsterrasse.

- Tour de Constance, Place Anatole France, 30220 Aigues-Mortes
www.ot-aiguesmortes.com/de
- ÖPNV: Zug P8 ab Nîmes, Haltestelle Gare d'Aigues-Mortes

ACCES SECURITE

Die Wiege der Stadt

71 Im Jardin de la Fontaine in Nîmes

Am Anfang war die Quelle. Sie ist 9 Meter tief und in ihrer 2500-jährigen Geschichte noch nie ausgetrocknet. Schon die Kelten haben hier am Fuße des Mont Cavalier gesessen und Wasser geschöpft. Sie benannten die Quelle nach der Quellgottheit Nemausus, einem Sohn des Herakles. Als die Römer die Stadt im heutigen Département Gard besiedelten, bauten sie ein paar Stufen um das sprudelnde Wasserloch herum, die heute noch zu sehen sind. Im Laufe der Jahrhunderte änderte sich der Name der Stadt zu Nîmes. Verschiedene Bauwerke kamen rund um die Quelle hinzu. Im 1. Jahrhundert bauten die Römer den Temple de Diana (links neben der Quelle). Obwohl er immer noch diesen Namen trägt, ist eigentlich klar, dass der Bau nie als Anbetungsort, sondern vermutlich eher als Bibliothek für die Benediktinermönche diente, die hier im Mittelalter lebten. Während der Religionskriege wurde das Gebäude teilweise zerstört. Es lässt sich aber vermuten, dass es der Maison Carrée ähnelte.

Hinter der heute eingezäunten Quelle liegt eine viereckige, barock anmutende Insel. Die Bains Romains ist im 18. Jahrhundert entstanden, als der Park erweitert und umgebaut wurde. Wie der Name schon sagt, diente der Platz am Wasserlauf der Quelle aber bereits den Römern als Bad, hier wurden wohl Zeremonien abgehalten. Vor allem abends und am Wochenende ist der Park beliebter Treffpunkt der Nîmois – zum Boulespielen, Flanieren, Freunde treffen oder auch für Hochzeiten und Feiern aller Art.

Der Tour Magne geht ebenfalls auf die Römer zurück. Er ist heute vom Baumbestand verborgen, der auf der Anhöhe hinter der Quelle wächst. Ein Spaziergang zunächst über die breiten Treppen und dann auf den sich träge dahinschlängelnden Fußwegen lohnt allein schon wegen der Atmosphäre im weitläufigen Parkgelände. Die vielen Rasenflächen laden förmlich zu einem Picknick ein. Die 140 Treppenstufen des Turms zu erklimmen ist die Mühe wert: Vor dem Hügel breitet sich das aus, was mit einer kleinen Quelle begann.

TIPP

Im Sommer ist der Garten abends farbig beleuchtet und hat länger geöffnet (7:30 bis 22 Uhr).

- Jardin de la Fontaine, 26 Quai de la Fontaine, 30000 Nîmes
www.nimes-tourisme.com
- ÖPNV: Tango Bus 9, 14, Haltestelle Place d'Assas

Kapelle mit Himmelsblick

72

Im Kartäuserkloster in Villeneuve-lès-Avignon

„Der Himmel geht über allen auf" lautet die erste Zeile eines modernen Kirchen-Kanons. Dieses Lied passt perfekt in die Klosterkirche in Villeneuve-lès-Avignon. Denn sie öffnet sich direkt dem Himmel.
Das Kartäuserkloster La Chartreuse du Val de Bénédiction liegt wie ein Osterei im Nest der historischen Altstadt. Der Eingang der Chartreuse ist versteckt und geht von der Rue de la République ab. Sofort beim Eintreten wird klar: Ein Kloster im üblichen Sinne ist hier nicht mehr zu finden. Doch dem modernen Eingangsbereich folgen historische Mauern, versteckte Gärten, Kreuzgänge, Kapellen und Kirchen. Zweimal rechts abbiegen, dann tritt der Besucher heraus aus dem schummrigen Inneren der Klosteranlage ins Licht. Wo sonst der Chor wäre, fehlt die Mauer und gibt so den Blick auf den blauen Himmel frei.

Klostergründer Papst Innozenz VI. kann diese ungewöhnliche Perspektive nicht mehr genießen, sein Grab liegt in einer Seitenkapelle. Im benachbarten Kreuzgang können zwei Kartausen besichtigt werden – das sind die Einsiedlerzimmer. Die Mönche hatten wie alle Kartäuser ein besonderes Ordensleben: Sie lebten wie Einsiedler innerhalb der Klostermauern und trafen sich nur zu bestimmten Liturgien, Mahlzeiten oder Gottesdiensten. Einen Besuch wert sind die Fresken der Refektoriumskapelle, von denen angenommen wird, dass sie der gleiche Künstler wie die Fresken im Papstpalast auf der anderen Seite der Rhône gemalt hat. Heute ist die Klosteranlage nicht nur Museum, sondern auch ein Kulturzentrum von internationaler Bedeutung. Die Kartausen stehen Autoren für Arbeitsaufenthalte zur Verfügung; es gibt zudem ein vielfältiges kulturelles Sommerprogramm.
Kurz vor dem Ausgang lässt sich im ehemaligen Kreuzgang des späteren Papstes Innozenz VI. eine nicht mehr funktionstüchtige barocke Brunnenrotunde bestaunen. Hier gibt es auch ein Café, in dem Kleinigkeiten und Getränke angeboten werden. Damit findet der Klosterbesuch unter freiem Himmel seinen perfekten Abschluss.

TIPP

Der Parc du Cosmos im nahen Les Angles bietet alles vom Teleskop bis zum Weltraumerlebnispfad.

- La Chartreuse du Val de Bénédiction, 58 Rue de la République, 30400 Villeneuve-lès-Avignon, www.chartreuse.org
- ÖPNV: Zug K8 ab Nîmes, Haltestelle Gare d'Avignon-Centre; dann Bus 05, Haltestelle Parking Chartreuse

Gemalte Geschichte

73 Die wunderbaren Wandbilder von Béziers

François Mistrals Verlobte hat ihn betrogen. Philippine Cauffopé, genannt Marie, ließ den jungen Mann mit einem gebrochenen Herzen zurück, der sich daraufhin das Leben nimmt. Er springt in den Tod. Sein Onkel – einer der berühmtesten Schriftsteller Okzitaniens – Frédéric Mistral ist von der Tragödie völlig geschockt und erzählt sie seinem Freund Alphonse Daudet. Inspiriert von diesem Drama schreibt Daudet das Bühnenstück L'Arlésienne (deutsch: „Die Arlesierin"). Der Komponist Georges Bizet erhält den Auftrag, die Musik dazu zu liefern.
Daudets Schauspiel hatte keinen Erfolg, die Musik allerdings schon. So komponierte Bizet eine Orchestersuite, die den Komponisten bereits vor seiner Oper Carmen populär machte. Noch heute sitzen Mistral und Daudet zusammen in einem Café, in dem auch Bizet verkehrt. Es heißt L'Arlésienne und liegt in einem Eckhaus an der Allées Paul Riquet. Wer jedoch hineingehen möchte, wird sich mächtig den Kopf stoßen: Das Café, seine Gäste und die weiße Katze im Fenster sind nur gemalt. Es ist eines von 19 Wandgemälden (Trompe-l'Œil de Béziers), die sich in der ganzen Stadt auf diversen Hauswänden bewundern lassen: Da ist die Galerie Romanin von Jean Moulin, ein Sohn Béziers, der als Widerstandskämpfer im Zweiten Weltkrieg agierte und Karikaturen unter dem Pseudonym Romanin veröffentlichte (1 Place Lavabre); der Bildhauer Jean-Antoine Injalbert steht auf einem Balkon am Place des Bons Amis – neben ihm seine berühmte Büste der Marianne. Über ihm schaut sein Lehrer Jules Dalou aus der Tür.
Der Effekt der dreidimensionalen Bilder ist großartig. Sie passen sich in den meisten Fällen unglaublich lebensecht ins Stadtbild ein. Das ist nur in wenigen Fällen anders: Etwa das Comic von Henri Honoré d'Estienne d'Orves, Flieger und Held der französischen Resistance, an der Wand der Avenue Alphonse Mas 21 ist eindeutig als Wandgemälde zu erkennen. Trotzdem: Mit einem Streifzug zu dem Trompe-l'Œil de Béziers lässt sich die Stadt wunderbar erkunden.

TIPP

Eine schöne Sicht auf ganz Béziers gibt's im Bischofsgarten unterhalb der Kathedrale.

● Wandbilder Béziers, 1 Avenue du Président Wilson, 34500 Béziers
www.beziers-mediterranee.com
● ÖPNV: diverse Buslinien, Haltestelle Polygon

L'ARLESIENNE
AVIVA
L'ARLESIENNE
GEORGES BIZET
L'ARLESIENNE

Mitten im Mittelalter

74

Das UNESCO-Weltkulturerbe Carcassonne

Die Bank hat den schönsten Platz in der gesamten Cité. Eine Akazie spendet ihr Schatten und sie schaut den lieben langen Tag auf das mittelalterliche Château Comtal und die sich über den Trockengraben spannende Brücke. Das Schloss des Grafen von Trencavel aus dem 12. Jahrhundert diente als Festung innerhalb der Festung Carcassonne. Schon die Römer haben hier in vorchristlicher Zeit gesiedelt – Teile der inneren Befestigungsmauern sind noch erhalten –, doch erst die Westgoten bauten die Stadt im 5. Jahrhundert zu einer Festung aus. Die Bank steht seitlich der halbkreisförmigen Barbakane, die zugleich den (kostenpflichtigen) Zugang zum trutzigen Schlösschen bildet. Es beherbergt das Musée Lapidaire mit Funden aus der gallorömischen Zeit und Darstellungen der Restaurierung. Ein Film zeigt Szenen aus den in Carcassonne gedrehten Filmen.

Umfasst wird die Fluchtburg samt der mittelalterlichen Stadt und der Basilika Saint Nazaire von zwei Stadtmauern mit insgesamt 38 Türmen. Dazwischen liegt die Promenade de Lices, die sich gut zum ruhigen Flanieren und Bewundern des imposanten Baus eignet. Hier verlaufen sich die Touristenmassen. Mit mehreren Millionen Besuchern jährlich ist Carcassonne die größte touristische Sehenswürdigkeit des Languedoc. Entsprechend viel Gedränge herrscht in den schmalen Gassen, in denen Souvenirhändler, Süßigkeitenläden, Künstler und Restaurants um Kunden buhlen. Morgens und abends ist die beste Zeit, um dem Charme der mittelalterlichen Festungsanlage zu erliegen.

Die meisten Besucher betreten die Cité über das östliche Stadttor. Hier lacht eine steinerne Dame die Besucher an. Der Dame Carcas wurde an dieser Stelle ein Denkmal gesetzt, nachdem sie – der Sage nach – die belagerte Stadt vor Karl dem Großen mit einer List, einem gemästeten Schwein in Zeiten des Hungers, beschützt hat. Seit 1997 ist die Cité UNESCO-Weltkulturerbe und gilt als größte und besterhaltene mittelalterliche Festungsanlage Europas. Ob sich die Bank darüber gefreut hat, ist nicht bekannt.

TIPP

Eine Schatzsuche gibt's für 12 Euro auf Englisch oder Französisch im Tourist Office.

● 11890 Carcassonne
www.tourismus-carcassonne.de
● ÖPNV: Zug 180A, K3 ab Narbonne, Haltestelle Gare de Carcassonne

Kleine Glückskapelle

75

Eine Chapelle blickt über die Côte Vermeille

Da hat die Kapelle Notre-Dame de la Salette aber Glück gehabt. Sie thront über der Hügelkette der Albères auf 200 Metern Höhe, blickt über die weit geschwungene Bucht der Hafenstadt Banyuls-sur-Mer und den blauen Horizont. Seit 1863 steht das kleine weiße Bauwerk hier oben. Es besteht aus einem einzigen Kirchenschiff und einer halbkreisförmigen Apsis, die direkt auf die Bucht zeigt, und erinnert eher an griechische Architektur als an südfranzösische Baukunst.

Errichtet wurde die Kapelle von Bonaventure Reig, einem engagierten Katholiken, Kaufmann und Besitzer des Weinguts Reig. Er ließ sie 1865 im Anschluss an eine Pilgerreise nach La Salette im Département Isère errichten. Jedes Jahr am zweiten Sonntag im September erklimmen unzählige Pilger die steile Straße zur Kapelle. Aber auch jeder andere Besucher ist willkommen, sich im kleinen Vorbau, unter der alten Korkeiche oder auf der Sitzbank auszuruhen. Der kleine, steile Pfad, der sich den Hügel hinaufschlängelt, führt von einem Wohngebiet im Vorort Mas d'en Reig durch Weinberge und den Hain aus Pinien, Stein- und Korkeichen. Nach kaum 15 Minuten kommt schon die Kapelle in Sicht.

Apropos Sicht: Von hier oben bietet sich den Besuchern ein grandioser Blick über die Côte Vermeille, die Mont Albères bis in die Pyrenäen hinein. Links taucht das Cap Béar (Glücksort 20) mit seinem Leuchtturm auf, ganz rechts der rund 600 Meter hoch gelegene Gebirgspass Coll del Torn. Und direkt voraus schmiegen sich die roten Dächer der katalanischen Hafenstadt ins Grün und bilden einen malerischen Kontrast zu dem tiefen Blau des Mittelmeers. Eine halbrunde Karte zeigt den Besuchern, was sie vor sich sehen. Als zusätzlichen Service hat die Tourismuszentrale von Banyuls noch ein paar QR-Codes aufgedruckt. Auf der dazugehörigen Internetseite gibt es dann Informationen über die Geschichte der Stadt, über das Meeresschutzgebiet von Cerbère-Banyuls sowie über das Museé Aristide Maillol, das Arbeiten des Bildhauers und Malers zeigt.

TIPP

An der Zufahrtsstraße liegt der Jardin Méditerranéen des Biodiversariums mit über 500 Pflanzenarten.

- Chapelle Notre-Dame de la Salette, Sarrat de l'Ouillastre Oué, 66650 Banyuls-sur-Mer, www.banyuls-sur-mer.com
- ÖPNV: 1-Euro-Bus 400 ab Cerbère, Haltestelle Banyuls-sur-Mer Les Elmes, ca. 34 Minuten zu Fuß

Exquisiter Traubensaft

76 Die Weine der Appellation Banyuls

Er ist ein Geheimtipp: Wein von der Côte Vermeille. Noch nie gehört? Dann wird's aber höchste Zeit. Zwar sind die weitgehend süßen Weine außerhalb von Banyuls, Port-Vendre, Cerbère und Collioure eher unbekannt. Doch die Appellation Banyuls gehört zu den ältesten aus Frankreich und wurde bereits 1936 geschaffen.
Über 1400 Hektar erstreckt sich das Weinland der Côte Vermeille. Die Reben wachsen an steilen Berghängen, die zwar von der Sonne gesegnet, aber mit Regen kaum bedacht werden. Der Boden ist karg, zumeist Schiefer. Die Hauptrebsorte sind Grenache noir, gris und blanc. Allerdings werden auch noch andere Sorten kultiviert – etwa Syrah, Muscat und Cinsault oder eher unbekannte Sorten wie Tourbat, Counoise und Vermentino. Der Banyuls gehört zur Familie der Vin Doux Naturel (VDN). Diese werden gespritzt. Das heißt, neutraler Alkohol wird hinzugegeben, um die Gärung der Maische zu stoppen. Das erhält dem Wein die Süße.
Mittlerweile besitzen drei Weine das Siegel AOC (Appellation d'Origine Contrôlée). Diese müssen aus einem klar definierten geografischen Gebiet stammen. Darüber hinaus haben sie strengen qualitativen Vorgaben hinsichtlich der zugelassenen Rebsorten, des Anbaus, des Ertrags, der Lese und des Ausbaus zu entsprechen. So muss jeder Banyuls-Wein mindestens 50 Prozent Grenache enthalten. Der AOC Banyuls Rancio reift 2 Jahre in einem Fass oder Gärballon im Freien und ist damit allen klimatischen Bedingungen ausgesetzt, was ihm den typischen *goût de rancio* verleiht. Die Weine der Appellation Banyuls Grand Cru müssen 30 Monate im Eichenfass reifen. Aus den nicht zur Likörweinproduktion genutzten Trauben wird der AOC Collioure hergestellt. Hier finden sich kräftige Rot-, fruchtige Weiß- und würzige Roséweine.
Wer durch Banyuls streift, wird einige Stationen zum Verkosten finden. Etwa bei der Domaine de la Rectorie. Hier bebildert eine Fotoausstellung zudem die Arbeit der Winzer, die aufgrund der steilen Hänge fast alles von Hand machen müssen.

TIPP
Auch die Genossenschaftskellerei Terre des Templiers etwas außerhalb bietet Verkostungen an.

● Domaine de la Rectorie, 65 Avenue du Puig del Mas, 66650 Banyuls-sur-Mer
www.rectorie.com, www.terresdestempliers.fr
● ÖPNV: Zug K8 ab Cerbère, Haltestelle Gare de Banyuls-sur-Mer

Domaine de la Rectorie

Glück in Grün

77 Auf dem Voie Verte im Haut-Languedoc

Der helle Kies unter den Sohlen knirscht. Er ist hell – fast wie Sand – und passt hier im Naturpark Haut-Languedoc irgendwie nicht ins Bild. Rundherum ist es grün: dunkelgrün bewaldete Bergkuppen, von der Sonne hellgrüne Pflanzen und Büsche am Wegesrand; und ein Blätterdach kommt an manchen Stellen auch noch dazu. Nicht von ungefähr heißt diese Strecke Voie Verte (grüner Weg).
Da er Bédarieux im Département Hérault mit Mazamet im Département Tarn verbindet und eine Wasserscheide überquert, wird er auch Passa Paìs genannt. Das kommt aus dem Okzitanischen und heißt so viel wie „Pass der Länder" – auf der einen Seite die mediterrane Region, auf der anderen die ozeanische. Früher fuhr hier die Eisenbahn entlang. 1972 transportierte sie die letzten Passagiere, 1986 die letzten Güter. Doch statt die traumhafte Strecke der Natur zu überlassen oder gar zu zerstören, wurde die ehemalige Trasse in einen Wander- und Radweg verwandelt. Vom Massif du Caroux geht es über rund 80 Kilometer durch den wunderschönen Naturpark bis kurz vor die Ausläufer der Montagne Noire.
Tipp für Ungeübte: Es lohnt sich, in Saint-Pons-de-Thomières zu starten. Der Ort liegt ungefähr auf der Hälfte und fast am höchsten Punkt der Strecke, bis nach Bédarieux geht es immer bergab. Dieser Teil des Weges führt durch das Tal des Jaur und zum Orb. Das sehr gut gemachte Begleitheft (erhältlich bei der Naturpark-Verwaltung) spricht von einem „Mosaik von Naturlandschaften zwischen Mittelgebirgen, Wäldern, Bocages, Heide und Garrigues", das es auf der Strecke zu entdecken gibt. Und es stimmt: In Mons-la-Trivalle etwa verlockt die Schlucht Gorges d'Héric zum Kühlen der Füße, in Saint-Martin-de-l'Arçon geht es über die Brücke Pont de Tarassac und im mittelalterlichen Ort Olargues findet sich bestimmt ein schattiges Plätzchen für eine Pause. Und immer dabei: das Grün des Parc Naturel Régional du Haut-Languedoc. Die Route ist in beiden Richtungen verlässlich ausgeschildert und lässt sich auch gut in Etappen erkunden.

TIPP

Die Räder (je zwei) dürfen im Bus mitgenommen werden; ansonsten gibt's auch einen Pick-up-Service.

● Parc Naturel Régional du Haut-Languedoc, 1 Place du Foirail, 34220 Saint-Pons-de-Thomières
https://de.francevelotourisme.com/radroute/passapais
● ÖPNV: Bus 685, 682 ab Bédarieux, Haltestelle Saint-Pons-de-Thomières Jacques Brel

Park am Meer

78 Die ehemalige Dynamitfabrik Site de Paulilles

Beinahe hätten an dieser traumhaften Bucht in Paulilles, einem kleinen Fischer- und Winzerort an der Côte Vermeille, Wohnbunker für Urlauber gestanden. Doch die Einheimischen gingen erfolgreich auf die Barrikaden. So wurde aus einem verlotterten, mit Ruinen übersäten ehemaligen Fabrikgelände ein Park, der zum Flanieren einlädt und mit einem schönen Kieselstrand aufwartet – der selten überlaufen ist. Dabei hat dieser Ort keine schöne Vergangenheit: Hier stand – und steht zum Teil immer noch – Frankreichs erste Dynamitfabrik. Heute gehört das Gelände dem Conservatoire du Littoral, ist ein Landschaftsschutzgebiet und wurde in ein Museum verwandelt. Wer sich für die Geschichte der Dynamitherstellung und die gefährliche Arbeit interessiert, bucht am besten eine Führung im Besucherzentrum, das am Eingang steht. Ansonsten kann es sein, dass der Besucher ratlos vor dem ein oder anderen Gebäude oder Gemäuer steht und sich fragt, was das wohl sein könnte.

Aber auch jenseits der Geschichte ist Paulilles einen Besuch wert. Neun Gebäude stehen noch und bilden eine Art Freilichtmuseum. Das 17 Hektar große Parkgelände ist ein Traum für Gartenliebhaber mit gepflegten Wegen zwischen blühenden Büschen, südfranzösischen Eichen, Kiefern und Olivenbäumen. Im Garten des Fabrikdirektors wachsen im Carré des Exotiques Pflanzen aus Süd- und Mittelamerika, Nordafrika und Ozeanien. Sie spiegeln thematisch die Regionen wider, in der das hier hergestellte Dynamit eingesetzt wurde. Der ehemalige Wasserturm ist ein wunderbarer Aussichtspunkt nicht nur über das Gelände, sondern auch über die Bucht, die wunderschön eingeschlossen zwischen dem Cap Béar im Norden und dem Cap Oullestrel im Süden liegt. Im Hinterland streben die mit Weinreben bewachsenen Hügel dem blauen Himmel entgegen. Vor dem Strand spendet ein luftiger Kiefernwald Schatten, in dem Bänke zum Sitzen und Schauen einladen.

Der Eintritt ist frei, der Parkplatz groß. Apartments wird's hier nicht geben – aber hoffentlich glückliche (Strand-)Gäste.

TIPP

Auf dem Gelände gibt es eine Werkstatt für katalanische Boote; die Zimmerleute geben gerne Auskunft.

- Le Site Classé de l'Anse de Paulilles, D914, 66660 Port-Vendres
  www.tourismus-mittelmeerpyrenaen.de
- ÖPNV: 1-Euro-Bus 410 ab Cerbère, Haltestelle Port-Vendres Pauilles Parking

Genüsslich in den Abend

79 Marché & Halles du Lez in Montpellier

Die Halles du Lez wollen vor allem eins sein: anders. Außergewöhnlich in der Bauweise, abwechslungsreich im Angebot und ungewöhnlich in der Intention. So unscheinbar das große, klobige und dunkel angestrichene Gebäude wirkt, so quirlig und aufsehenerregend geht es hier gegen Abend zu.

Vormittags werden erst die Co-Working-Plätze bezogen, dann öffnen die Food-Trucks, die Stände im Hof und die Geschäfte im Inneren, der Food-Court und die Rooftop-Bar. Herkömmliche Geschäfte werden Besuchende hier nicht finden, wohl aber vieles, was es nicht überall gibt. Da hängen bunte selbst genähte Blusen neben Flohmarkt-Jeans, stehen gebrauchte 70er-Jahre-Stühle unter Lampen im Industriedesign. Tatsächlich ist Originalität und Kreativität Voraussetzung für die Vergabe der Ladenflächen.

TIPP

Besonders viel Street-Art gibt's im Stadtteil Saint Roche zu sehen (etwa in der Rue de Lorraine).

Das Gleiche gilt für den Food-Court. Um sich von der Masse abzuheben, setzen die Halles du Lez auf die unterschiedlichsten Angebote, von japanischen Spezialitäten bis zu Wurstwaren aus dem Département Aveyron. Sogar Sterneköche servieren hier und die lange Öffnungszeit bis Mitternacht gehört zum Konzept. Den gesamten Dachbereich nimmt die Bar Rooftop du Lez ein. Auch sie wird unterteilt in viele kleine Sitz- und Genussräume, die von Bäumen und Sträuchern umgeben sind und so kleine Inseln auf der 1200 Quadratmeter großen Fläche bilden. Ein toller Platz für den Absacker am Abend ist alternativ die Cocktailbar Willie Carter Sharpe. Hier sitzen die Besucher auf Paletten-Möbeln, illuminiert von bunten Lichtern. Livemusik ist hier – wie auf dem gesamten Gelände – auch zu hören. Natürlich haben die Geschäfte schon morgens auf, Mittagstisch wird ebenfalls serviert. Wer früh kommt, entdeckt die Street-Art, die es natürlich auch hier – wie an so vielen Orten in Montpellier – gibt. Sie prangt an Außenwänden und unter Dachfirsten. Street-Artists wie Monsieur BMX, Al Sticking, Koralie und Supakitch haben die Mauern der ehemaligen Industriebrache am Ufer des Lez verschönert. Damit sind die Halles vor allem eins: besonders.

● Marché & Halles du Lez, 1348 Avenue Raymond Dugrand, 34000 Montpellier
www.hallesdulez.com, www.montpellier-tourisme.fr
● ÖPNV: Tram 3, Haltestelle Pablo Picasso

WILLIE
CARTER
SHARPE
Cocktail bar

Mein Freund, der Orb

80

Badestelle in Taillevent mit klarem Flusswasser

Das Mädchen hat einen kleinen Fisch gefangen. Stolz zeigt sie ihrer Freundin das Tier, das sie in ihrer hohlen Hand schwimmen lässt. Natürlich braucht es Geduld, um einen Fisch zu fangen. Aber das kristallklare – und nicht ganz so warme – Wasser des Orb macht es leichter.
Hier in Taillevent liegt versteckt die ideale Badestelle für Familien. Das Wasser hat eine rund 10 Meter breite Bucht mit natürlichem Kieselstrand geschaffen, auf dem sich gut das Handtuch ausbreiten lässt. Hohe und zumeist dichte Bäume zu beiden Seiten sorgen für Schatten. Der Uferbereich fällt flach ab. In der Mitte des Wasserlaufes hat sich eine Sandbank gebildet, auf der sogar Schätze wie Flussglas gefunden werden können. Etwas weiter oben am Fluss hat die Natur mit einer Felseninsel einen Sprungturm geschaffen. Rundherum hat das von den Bergen herunterströmende Wasser ein tiefes Becken erzeugt.
Die Quelle des Orb befindet sich in den Bergen der Escandorgue und der Fluss bildet über eine lange Strecke die Grenze zwischen den Départements Aveyron und Hérault. Er fließt erst in südwestlicher Richtung, dann wendet er sich Richtung Süd und durchquert die Monts d'Orb im Regionalen Naturpark Haut-Languedoc. Im letzten Drittel seines Verlaufes dreht er schließlich nach Südost und passiert die Stadt Béziers, wo er vom Canal du Midi mithilfe einer Kanalbrücke überquert wird. Nach insgesamt rund 136 Kilometern mündet er bei Valras-Plage ins Mittelmeer.
Wildes Baden im Fluss ist immer ein kleines Abenteuer. Gerade hat eines der Kinder eine Wasserschlange entdeckt. Armdick soll sie gewesen sein und sich zwischen den überhängenden Blättern am Uferrand versteckt haben. Schnell wird die Unterwasserkamera gezückt. Mit der Taucherbrille über den Augen lassen sich mit etwas Glück auch richtig große Fische entdecken: Bachforellen, Äschen, Barben, Weißfische, Hechte, Barsche und Aale haben hier ihr Zuhause. Das Mädchen lässt den Fisch wieder frei. Vielleicht hat sie ja später noch einmal Glück.

TIPP

In Le Poujol-sur-Orb und Roquebrun werden Kanu- und Kajaktouren auf dem Orb angeboten.

- Badestelle Taillevent, an der Pont d'Orb (D35) Richtung Norden auf die D35E10 abbiegen, 34260 Le Bousquet-d'Orb
- ÖPNV: Zug P9 ab Béziers, Haltestelle Gare du Bousquet-d'Orb

Bibliografische Informationen der Deutschen Nationalbibliothek
Die Deutsche Nationalbibliothek verzeichnet diese Publikation in der Deutschen Nationalbibliografie; detaillierte bibliografische Daten sind im Internet über http://dnb.d-nb.de abrufbar.

Konzeption/Satz: Droste Verlag, Düsseldorf
Einbandgestaltung und Illustrationen: Britta Rungwerth, Düsseldorf, unter Verwendung von Bildern von © Fotolia.com: jd – photodesign.de; © iStock: Plociennik Robert
Fotos: Ann-Christin Wimber, außer:
Jean Belondrade: S. 57; G.DESCHAMPS/CRTL Occitanie: S. 77; istock.com: S. 117 (momo11353), S. 133 (PictureReflex); stock.adobe.com: S. 15 (mariesacha), S. 93 (OceanProd)
Textlektorat: Karola Neutze, Brühl

MIX
Papier aus verantwortungsvollen Quellen
FSC® C011279
FSC
www.fsc.org

Druck und Bindung: LUC GmbH, Greven
ISBN 978-3-7700-2396-7

www.droste-verlag.de